北京市
服务企业顾客信任度与顾客选择行为研究
（第二版）

赵 冰◎著

经济管理出版社
ECONOMY & MANAGEMENT PUBLISHING HOUSE

图书在版编目（CIP）数据

北京市服务企业顾客信任度与顾客选择行为研究/赵冰著. —2 版. —北京：经济管理出版社，
2016.5
ISBN 978-7-5096-4377-8

Ⅰ. ①北…　Ⅱ. ①赵…　Ⅲ. ①服务业—消费者行为论—研究—北京市　Ⅳ. ①F719

中国版本图书馆 CIP 数据核字（2016）第 102516 号

组稿编辑：张　艳
责任编辑：张　艳　丁慧敏
责任印制：黄章平
责任校对：新　雨

出版发行：经济管理出版社
　　　　　（北京市海淀区北蜂窝 8 号中雅大厦 A 座 11 层　　100038）
网　　址：www. E-mp. com. cn
电　　话：(010) 51915602
印　　刷：三河市延风印装有限公司
经　　销：新华书店
开　　本：720mm×1000mm/16
印　　张：10.5
字　　数：156 千字
版　　次：2016 年 7 月第 1 版　　2016 年 7 月第 1 次印刷
书　　号：ISBN 978-7-5096-4377-8
定　　价：43.00 元

前 言

　　我国正处于经济转型期，在经济持续高速发展的过程中出现了大量的问题，其中信任危机成为当前我国市场经济发展的严重障碍之一。消费者对企业生产的产品、广告、促销政策等持怀疑态度，而且这种怀疑越来越蔓延到社会消费领域的各个方面。在这种情况下，如何重建人们的信任就显得格外重要。另外，从社会学的角度来看，人们之间信任缺失的状态也对社会稳定、发展不利。因此，从经济与社会发展的综合角度考虑，信任是一个亟待研究的重大课题。在这一课题之中，消费领域的信任问题凸显重要。这是因为越来越多的企业已经或正在发生或产品或服务方面的问题，即使是世界级的著名公司也在近年频频出现负面报道，如2006年的世界著名企业博士伦、宝洁、杜邦、麦当劳，2009年的丰田、本田等公司均遭遇信任危机。消费者对企业的不信任导致交易成本大幅度增加，企业本身也遭受失去忠诚客户的损失。不论从消费者角度还是从企业的角度来看，信任直接关系到双方的利益。

　　本书选择北京市服务企业作为研究对象，考察不同类型服务企业的顾客信任程度如何以及顾客信任如何影响其后续的选择行为。研究结果一方面对信任理论研究中的分歧提供补充，另一方面将为北京市各类服务企业的操作实践提供可行性营销及管理策略，同时可以为政府把握首都服务企业消费者行为状况、制定相应的产业政策提供依据。

　　本书试图探索北京市服务企业的顾客信任状况以及顾客信任与其后续消费行为之间的关系。具体来说，结合心理学、社会学等方面对信任的相关研究成果，确定信任的概念及维度，对北京市服务企业的顾客信任进行调查，并分行业研究各行业信任程度高低的原因；调查北京市各服务行业顾客消费行为的特征，将顾客信任与其消费行为加以联系，以此来探讨不同服务行业中顾客信任与其选择之间的关系；针对上述研究结果，为北京市各类服务行业提供有效的管理对策。

本书的研究结果将对服务营销及消费者行为的理论研究提供补充，同时为服务企业的实践提供可行性帮助。本书的重要意义体现在以下两个方面：

首先，研究北京市不同类型的服务企业顾客信任度及其与选择行为之间的关系，可以为服务企业提供直接的消费者心理及行为数据，引入顾客信任这一因素可以更细致地刻画出顾客在选择时的心理变化过程，这样可以使服务企业对顾客选择过程形成更进一步的了解，从而形成有效的营销及管理对策，将使企业的政策调整更有针对性。

其次，分行业对比研究顾客信任度和顾客消费行为特征在传统服务业和现代服务业中的差异，可以使政府更加了解不同类型的服务行业消费者现状，以便为政府制定相应的产业政策提供依据。

目　　录

第一章　文献回顾 ……………………………………………………… 1

一、消费者忠诚（Consumer Loyalty） ……………………………… 2

二、消费者转换（Consumer Switching） …………………………… 3

三、消费者投诉（Consumer Complaint） …………………………… 5

四、口碑（Word of Mouth） ………………………………………… 5

五、消费者信任（Consumer Trust） ………………………………… 6

第二章　信任 …………………………………………………………… 9

一、信任的定义 ………………………………………………………… 10

二、研究信任的现有理论 ……………………………………………… 11

三、信任的维度 ………………………………………………………… 13

四、信任的层次 ………………………………………………………… 14

五、对信任研究的未来发展方向 ……………………………………… 14

第三章　行业选择 ……………………………………………………… 17

第四章　研究设计 ……………………………………………………… 19

第五章　分行业对比信任度高低 ……………………………………… 21

一、我国传统服务业与现代服务业的发展现状 ……………………… 21

二、两类服务业的顾客信任与选择行为对比 ………………………… 23

三、研究结果 …………………………………………………………… 29

第六章　分行业调查顾客选择行为特征 ……………………………… 31

一、北京的餐饮业及其消费者状况 …………………………………… 31

二、北京的银行业及其消费者状况 …………………………………… 32

三、电影产业及电影消费者状况研究 ………………………………… 34

四、北京市动漫产业的消费者状况 …………………………………… 56

五、北京市艺术品市场发展状况及消费者构成研究 ………………… 108

第七章　结论 ·· 137

附录一　动漫产业深度访谈问题 ································· 143

附录二　动漫产业消费者调查问卷 ···························· 144

附录三　艺术品市场消费者调查问卷 ························· 149

附录四　电影产业消费者调查问卷 ···························· 153

参考文献 ··· 157

第一章　文献回顾

　　消费者在消费经历后会对所购买的产品或服务产生满意或不满意的评价,这些评价会对消费者的后续行为产生影响。有研究表明,消费者满意与其行为意向之间存在着相关关系(Ostrom & Iacobucci,1995;Cronin,Brady & Hult,2000;Mittal & Kamakura,2001)。很多学者对消费者满意与其后续行为意向的关系进行了更进一步的研究,研究领域涉及消费者忠诚、消费者转换、消费者口碑、消费者投诉等方面(见图1-1)。近年来国内的学者们也开始关注消费者满意领域,并且已经取得了阶段性的成果(于彩凤,1999;袁文龙等,2000)。

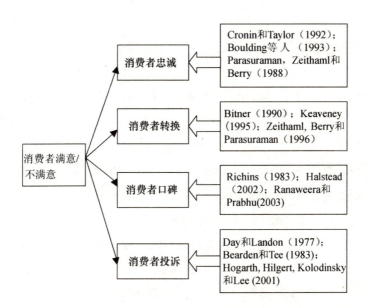

图1-1　消费者满意/不满意与行为意向之间的关系

　　从对消费者满意的研究来看,大量研究结果证明,满意的消费者其忠诚度也比较高,二者之间存在比较强的正相关关系(Cronin & Taylor, 1992;Boulding et al.,1993;Parasuraman,Zeithaml & Berry,1988)。而在对不满意消费者的行为意向的研究中,早在 1977 年,Day 和 Landon 就提出了不满意消费者可能采取的行为有私人行为(private action)和公共行为(public action)两种,而 Hogarth、Hilgert、Kolodimsky 和 Lee (2001)则提出,除了这两种行为以外,不满意消费者还可能会选择退出(exit)。另外,投诉也是消费者不满意时可能选择的负面反应之一(Hogarth、English & Sharma,2001;Hogarth、Hilgert、Kolodinsky & Lee, 2001;Maxham Ⅲ & Netemeyer,2002)。Halstead(2002)则探讨了不满意消费者的负面口碑(negative WOM)与投诉(complaint)之间的关系,指出负面口碑与投诉是相伴而行的。总结上述学者对消费者满意/不满意后行为意向的研究,可以将其归纳为消费者忠诚、消费者转换(退出)、消费者投诉以及消费者口碑等五个研究领域(Zeithaml,Berry & Parasuraman,1996;Tax,Brown & Chandrashekran,1998)。

一、消费者忠诚(Consumer Loyalty)

从 20 世纪 70 年代起,消费者满意一直都是营销领域的主要研究对象。无论从理论上还是在实践中,如何追求最大化的消费者满意都是研究人员和管理者关心的问题。但是在 20 世纪 90 年代后期,一些研究人员发现仅研究消费者满意是不够的,他们提出"有自由选择权的满意消费者并不足以让他们保持忠诚"(Jones & Sasser,1995)。因此,消费者忠诚成为研究消费者行为的一个重要领域。

忠诚主要可以分为两种:态度忠诚和行为忠诚(Dick & Basu,1994; Oliver,1999)。Oliver(1999)对忠诚给出了一个整合的定义:"消费者承诺即使环境的影响和营销努力可能会引起转换行为,他们未来也还是会对所偏好的产品/服务进行持续的重新购买或光顾,从而重复的购买同一品牌或品牌束的商品。"并且他提出,忠诚可以分为认知的、情感的、意动的(行为意向)以及行为(重复购买行为)四个维度。消费者首先在认知层次上忠诚,其次在情感层次上忠诚,最后在意动层次上忠诚(Oliver,1999)。很多研究支持了他的这个结论(Back,2001)。

消费者满意与忠诚之间的关系是不可分割的,同时也是不对称的。忠诚的消费者大多数都是满意的,但是满意并不一定会转化为忠诚。Reichheld(1996)在举例说明"满意陷阱"时提到,Bain 和 Company 声称满意的消费者中,65%～85%的消费者将会退出该公司;而在汽车行业,85%～95%的消费者报告说他们是满意的,但是只有 30%～40%会选择原来的牌子或型号(Oliver,1999)。因此,在形成忠诚的过程中,消费者满意并不是唯一的决定因素,还有其他因素存在,甚至超出满意的作用(计建、陈小平,1999)。例如 Datta(2003)在对英国的产品市场品牌忠诚的影响因素进行分析时就指出:产品效果、消费者满意、价格、习惯、品牌使用历史、品牌名称、风险水平以及消费者参与度都是消费者形成忠诚的因素。而在服务领域,满意也是影响消费者对服务品牌形成忠诚的因素之一(陆娟,2003)。

二、消费者转换(Consumer Switching)

消费者满意是消费者决定保持或退出与产品/服务关系的一个决定因素。大量的研究表明,消费者满意与消费者转换行为之间存在着显著的相关关系(Bitner,1990;Boulding et al. , 1993;Zeithaml , Berry & Parasuraman,1996)。因此,消费者转换也是消费者行为研究中的一个重要领域。

对消费者转换的研究包括两个方面:一方面,学者们研究消费者的转换意向(Bitner, 1990;Zeithaml , Berry & Parasuraman, 1996);另一方面,学者们研究消费者的真实转换行为(Keaveney, 1995;Ganesh,Arnold & Reynolds,2000)。研究转换意向的学者侧重于对消费者的态度方面进行探讨,而研究转换行为的学者们则将真实的行为作为研究重点。

消费者满意与否都可能发生转换。在对消费者转换的研究中,Bitner(1990)推测时间或金钱的限制、替代品的缺乏、转换成本以及习惯都可能会影响服务忠诚;Cronin 和 Taylor(1992)则认为便利、价格以及可得性可能会提高消费者满意,最终影响消费者的行为意图。1995 年,Keaveney 应用关键事件法对服务领域消费者转换的原因进行了第一次全面的探讨,得出了消费者转换的八个主要原因:价格、不便利、核心服务失败、服务接触失败、雇员对失败的反应、竞争者的吸引、道德问题、非自愿转换,这八个原因在后续的探讨消费者从企业产品或品牌退出的研究中得到了重视。另外,在对发生转换行为的消费者的研究中,消费者的个人特征也被用来辨别他们的转换行为(Ganesh, Arnold & Reynolds,2000; Keaveney & Parthasarathy,2001)。

虽然消费者会根据他们对消费过程的满意判断来决定转换或保留,但是,满意并不能解释全部的消费者保留,它只解释了 40%。也就是说,满意的消费者可能并不选择保留,而不满意的消费者也未必一定会选择转换。由此可以说明,一定还存在其他因素影响着消费者的决策,如消费者的感知质量(Rust & Zahorik,1993)。Jones 和 Sasser(1995)就曾经提出"有自由选择权的满意消费者并不足以让他们保持忠诚",因此,在消费者的转换决策研究中,有必要说明真实忠诚和虚假忠诚的区别。

Day(1969)将忠诚区分为真实的忠诚和虚假的忠诚。在 Day 的研究中提到,重复的购买行为并不意味着消费者是忠诚的。Dick 和 Basu(1994)则更进一步,根据消费者的态度和行为的关系区分了真实和虚假的忠诚。图 1-2 显示了真实忠诚与虚假忠诚是如何被区分的。

		重新光顾	
		高	低
相对态度	高	真实忠诚 (True loyalty)	潜在忠诚 (latent loyalty)
	低	虚假忠诚 (Spurious loyalty)	无忠诚 (No loyalty)

图 1-2　顾客忠诚度指向与整合概念框架(Dick & Basu,1994)

区分真实的忠诚和虚假的忠诚意义重大,因为重复购买只代表消费者接受了该品牌或产品,却不能说明消费者对该品牌或产品形成了承诺(Datta,2003)。实际上,在一个垄断状况下或者供应商设置了退出障碍的情况下,消费者也会发生重复购买行为。那是因为没有其他备择物可供选择或退出成本过高,而不是因为消费者喜欢该商品或服务并对其形成了信任与承诺。一旦垄断被打破,消费者会更倾向于选择新的有竞争力的品牌或产品,从而打破原有的忠诚假象。尤其是在消费者与供应商之间存在长期交易关系的情况下,由于退出障碍的存在,使得一些本来对供应商不满意的消费者也无法选择转换到其他供应商(顾巍、范贵华、唐华,2004)。

三、消费者投诉(Consumer Complaint)

投诉是消费者满意/不满意的结果之一。Day 和 Landon(1977)的研究表明,尽管有许多因素会引起消费者投诉,不满意仍然被认为是消费者投诉的一个最基本的决定因素,而且他们提出了消费者不满意及其后续行为的框架(见图 1-3)。该框架表明,当消费者形成不满意的判断时,消费者可能采取类似于投诉的公共行为以及类似于负面口碑及转换的私人行为。另一些学者如 Best 和 Andreasen(1977)、Singh(1988,1989,1990)、Kolodinsky 和 Aleong(1990)以及 Kolodinsky(1995)也使用了同样的框架来研究消费者投诉行为。这些研究说明,消费者投诉与满意/不满意之间的关系得到了大量的文献方面的支持(如 Bearden 和 Teel 在 1983年就提出应该将投诉列入满意/不满意的研究之中,而且满意与投诉表现出负向关系)。

四、口碑(Word of Mouth)

口碑(Word of Mouth)是研究消费者行为的一个重要领域,但是对口碑的研究却并没有得到太多的重视。口碑可以被分为正面口碑(positive WOM)和负面口碑(negative WOM)。正面口碑会提高消费者对创新产品的购买意愿、帮助创建良好的品牌形象(Arndt,1967)以及降低企业的整体促销费用;而负面口碑则会阻碍消费者考虑购买特定的产品或品牌,从而损害企业的声誉及财务状况(Holmes & Lett,1977)。在口碑形成原因的研究中,研究人员发现,不满意是负面口碑的根本原因(Day et al.,1981),而消费者的高度满意会形成非常好的正面口碑。另外,令人满意的雇员—客户接触经历会形成正面口碑,而对产品问题的不充分反应以及消费者在购后评价过程中差劲的价值感知则会导致负面口碑的形成(Sundaram,Mitra & Webster,1998)。

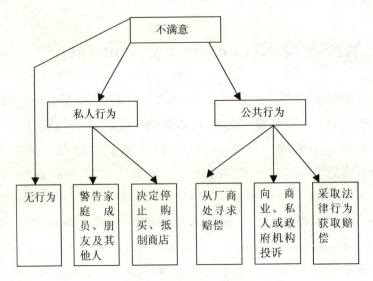

图 1-3　不满意的后续行为 (1977)

五、消费者信任(Consumer Trust)

研究表明,消费者满意与消费者的行为意向之间既存在直接关系也存在间接关系(Cronin & Taylor,1992;Mittal,Kumar & Tsiros,1999)。在消费者满意与其行为意向的间接关系中,信任是一个非常重要的因素,也是联系满意与忠诚之间的纽带。消费者与供应商之间、供应商与零售商、分销商之间都存在着相互信任以维持合作关系获取各自利益的问题。在营销学、消费者行为学等研究领域,信任作为促进消费者与供应商之间建立关系、发展关系并最终形成忠诚客户的重要影响因素,从而得到了学者们的关注(Morgan & Hunt,1994;Garbarino & Johnson,1999;Sirdeshmukh,Singh & Sabol,2002)。

信任概念中的可靠(trustworthiness)与服务质量概念中的可靠(reliability)的含义有一定的关联。在服务质量概念中,可靠(reliability)是测量服务质量的一个重要维度,这里的可靠包括服务结果的一贯性和可依赖性。它意味着企业会在第一时间提供正确的服务以及企业以其承诺为荣(Parasuraman,Zeithaml 和 Berry,1985)。在信任概念中,可靠(trustworthiness)是指被信任者能够让人产生信任的一些特征,其中包括被信任者的能力、善行以及正直、问题解决导向等因素(Ganesan,1994;Singh & Sirdeshmukh,2000;Sirdeshumkh,Singh & Sabol,2002)。这里的可靠包括交易一方实现承诺的能力、为对方着想、努力解决问题等因素,意味着交易一方可以实现承诺并且为实现承诺而努力。从二者所包含的内容来看,两个概念有一定关联但是也不完全相同。信任概念中的可靠维度更多,影响因素也更多,而且两个可靠概念分别导向两个不同的结果:服务质量和信任。

第二章 信　任

2008 年世界金融危机爆发。整个世界经济迅速下滑,失业率增加,政府破产,企业倒闭。随之而来的是人们消费习惯的改变。在欧美,传统的贷款消费模式受到了前所未有的冲击,人们不再相信银行业务员的花言巧语,也对政府能否安然渡过危机产生怀疑。在关键时刻,温家宝总理的"信心比黄金更重要"给全世界带来希望。就这句话而言,其背后的深刻含义不言而喻,信心是让人们相信未来的基石,也就是让人们信任政府、信任各国政府联合起来有能力带领全世界走出危机。当恐慌过去、回头细细品味的时候,我们会发现,信任在动荡时刻的确发挥了超越黄金的作用。在危机过后,深入思考信任这一心理学或者社会学的概念,对于不可知的未来将会产生深刻的意义。因此,本书梳理了社会学、心理学、管理学等学科对信任的研究文献,将信任的定义与维度进行更加清晰的表述,使之能够在营销学、消费者行为学等研究领域得到直接应用。

信任在人类生活中的重要性不言而喻,人际交往、商业往来都需要建立信任。虽然这是人类社会由来已久的话题,但是真正对其进行科学性、系统性的研究却是从 20 世纪 50 年代开始的。在社会学、经济学、管理学领域,学者们对与信任有关的各种现象进行了实证研究和深入的理论探讨。1958 年美国心理学家 Deutsch 对囚徒困境中的人际信任进行了实验研究,开创了社会心理学中对信任进行研究的先河,被视为人际信任的经典研究。到了 20 世纪 70 年代,信任成为社会学的专门课题。Luhmann 的《信任与权利》(1979)、Barber 的《信任的逻辑与局限》(1983)等是社会学研究信任的经典著作。20 世纪 90 年代以来,信任成为社会学、社会心理学、消费心理学、组织行为学等学科的重要研究对象。由于各个学科不同学者的出发点不同,至今对信任的定义也没有达成共识。

一、信任的定义

从社会心理学的角度而言,信任的定义有以下几种:Erikson(1950)将信任定义为对他人的善良所抱有的信念或指一种健康的人格品质,这一定义强调了对意向因素的内部期待。Deutsch(1958)的定义则注重于情景因素,他认为信任是"期待某件事的出现并相应地采取一种行为,这种行为的结果与他的预期相反时所带来的负面心理影响要大于其结果与预期相符时所带来的正面心理影响",这一定义将行为结果与预期对比,描绘了人们在得到负面结果时的心理状态。Barber(1983)将两种类型的特定性信任区分开来,即对他人能力的信任和对他人友好、善良意图的期待。社会心理学家对信任的定义集中于人际信任方面,也就是个体与个体之间的关系或交往过程中所表现出的合作性动机与行为、行为与角色规范之间出现因果连带的可靠性预期。

从管理学的研究角度来看,学者们对信任的定义大体上可以分为两种:一种是 Moorman、Zaltman 和 Deshipande(1992)的定义:"信任是交易一方对于自己有信心的交易伙伴的依赖意愿。"在这个定义中,信任的含义既包含了交易一方对另一方的信念(belief),也包含了对另一方信赖的行为意向(behavior intention)。这种观念认为,只有信念没有行为意向的话,信任是有限的信任;而如果只有依赖行为但是并没有抱有对交易伙伴是可靠的信念的话,依赖行为的产生可能是由于强权和控制而不是信任。一些对关系定位的研究沿用了这个定义(Moorman,Deshipande & Zaltman,1993;Ganesan,1994)。另一种关于信任的定义则舍去了Moorman 等人定义中行为意向的部分,将信任定义为"交易一方对交易伙伴的可靠性和正直有信心"(Morgan & Hunt,1994)。Morgan 和 Hunt对于信任的定义认为行为意愿是信任概念中潜在隐含的内容,如果交易的一方不想采取行动的话就不会认为交易伙伴是可靠的。换句话说,如果交易一方对另一方有信心,那么他也就会有行动的意愿;如果没有行动意愿,那就表示他对另一方没有信心。Morgan 认为在对信任的测量中可以加入"意愿条目",但是将意愿引入信任的定义则是没有必要的。很多关于信任与忠诚关系的研究引用了 Morgan 等人的这个定义（Garbarino & Johnson，1999；Singh & Sirdeshmukh，2000）。

还有一些研究认为将信任概念中的认知部分和行为部分分开讨论更有意义，即将信任概念分为感知可靠性（perceived trustworthiness）和信任行为（trusting behaviors）两个相互作用、相互关联的概念，分别加以讨论可以加深对信任概念的理解（Smith & Barclay，1997；Sirdeshmukh，Singh & Sabol，2002）。

从这几种信任定义来看，这些概念的区别主要在于交易一方对另一方的依赖意愿有没有被引入到信任概念之中。Moorman 等人的信任定义侧重于行为意向，而 Morgan 和 Hunt 的定义则更侧重于信任中的期望部分，认为将信任中的期望与行为意向分开可以更好地研究信任的过程。实际上，两种定义的区别并不是特别明显，而且 Morgan 也说明意愿是一种隐含在信任定义之中的东西，可以通过测量来加以表述。

不论是从社会学、心理学角度还是从管理学角度，信任定义的关键点在于交往对象之间的信赖关系。心理学研究的重点在个体与交往对象之间对交往对象能力及性格的预期，而经济学研究的重点在交易对象之间相互信赖的意愿。从根本上来讲，经济学中对信任的定义来源于心理学中信任的定义。

二、研究信任的现有理论

社会学对信任的研究主要有六种理论：

（1）利他性信任。Jane Mansbridge（1999）的研究认为信任有两种：一种是基于对他人可信度的估计；另一种就是利他性信任，也就是有一些人宁可冒着上当受骗的风险也愿意相信别人。利他性信任主要发生在利他主义者和自己守信的人身上。利他性信任在现实生活中是真实存在的，但是并不多见，而且这种信任理论无法解释不同的人群之间信任存在的差异，因此该理论存在较大缺陷。

（2）信任文化论。有学者将信任的差异归因于社会文化方面的差异，尤其是政治文化的不同使不同社会表现出不同的信任水平（Almont & Verba，1963；Inglehart，1997；Putnam，1993；Fukuyama，1995）。文化差异可以在一定程度上解释不同社会信任程度的高低，但这种差异并不是主要因素，而且文化差异说也无法解释同一社会内部信任度的差异。

（3）信任的认识发生论。信任的认识发生论认为人们的信任度是从自身以往的经验里学来的。这种理论认为人们的信任感来源于幼年的生活经历所导致的心理发育情况。如果幼年经历幸福，人们的信任度就高；如果幼年不幸，人们就不轻易相信别人。这种理论虽然从现象上看具有一定的意义，但检验该理论却异常复杂，因此，信任的认识发生论也仅能对信任从心理层面上做出简单的解释。

（4）信任的理性选择论。理性选择论认为作为理性的人，信任别人是为了增进或至少不损害自己的福利，因此，理性的人不轻易相信别人。当他们获得充分信息并且了解对方的动机之后，理性的人会对是否信任对方做出决定（Coleman，1990；Hardin，1993）。理性选择论不能解释为什么有人会相信陌生人，而且假设所有人都是同质的，这两点都具有明显的缺陷，因此，至今该理论对信任的研究仍仅限于哲理性讨论而无法付诸实践。

（5）信任的制度论。这一派学者对信任的研究强调制度的重要性，他们认为信任的根基在于是否存在一个有效的政府，一些学者认为民主制度有利于增进人们之间的彼此信任（Levi，1996；Mueller & Seligson，1994）。信任的制度论拥有一些实证研究，但同文化论一样，制度论仅能解释民主与信任之间的相关关系，无法证明谁是因，谁是果。因此，这种理论也具有明显的局限性。

（6）信任的道德基础论。信任的道德基础论认为信任可以分为两大类，对认识的人的信任和对陌生人的信任，后者就属于道德性信任。道德性信任反映的是一种人生态度，是某些人与生俱来的乐观精神。这种乐观精神来自于社会的平等程度，如果社会不平等恶化，人们的信任度就会降低。这是一种从负面解释信任的理论，具有一定的启发意义，但个体的乐观与悲观到底如何产生,该理论却无法给出解释。

上述六种理论从不同侧面描述了信任产生的原因,但各种理论都具有一定的局限性。从社会学角度来研究信任一直是一个未竟的课题,随着经济的全球化发展,这一未竟课题延伸到经济领域。人们在交易过程中如何产生信任?为什么当代社会消费者对生产者的信任度大幅度降低?这些问题的答案从上述六种理论中也可获得借鉴。

三、信任的维度

在前人讨论信任概念的过程中,大多将信任以多维度概念来表述。基本上,心理学对信任维度的区分包括一般性信任、情感性信任、可靠性、可依赖性、可信等,或者将可信(trustworthiness)进一步分离出胜任(competence)和可依赖性(responsibility)。而经济学研究中将信任的维度大多分成信用(credibility)或能力(competence)和善行(benevolence)两个层面(Ganesan,1994;Singh & Sirdeshmukh,2000)。其中,信用表示交易伙伴信守承诺的意向和能力(Ganesan,1994),而 McAllister(1995)使用能力来代替信用定义了认知基础上的信任(Sirdeshumkh,Singh & Sabol,2002)。信任概念里的能力(competence)表现为交易一方以一种可信赖的、诚实的方式实现服务承诺,而善行(benevolence)则是消费者对服务提供商会将消费者的利益放在自身利益之前的相信程度。

可信(trustworthiness)与可靠(reliability)的含义有一定的差异。在消费领域的服务质量概念中,可靠(reliability)是测量服务质量的一个重要维度,这里的可靠包括服务结果的一贯性和可依赖性。它意味着企业会在第一时间提供正确的服务以及企业以其承诺为荣(Parasuraman,Zeithaml 和 Berry,1985)。信任概念中的可信(trustworthiness)是指被信任者能够让人产生信任的一些特征,其中包括被信任者的能力、善行以及正直、问题解决导向等因素(Ganesan,1994;Singh & Sirdeshmukh,2000;Sirdeshmukh,Singh & Sabol,2002)。这里的可信包括交易一方实现承诺的能力、为对方着想、努力解决问题等因素,意味着交易一方可以实现承诺并且为实现承诺而努力。从二者所包含的内容来看,两个概念有一定关联但不完全相同。信任概念中的可信维度更多,影响因素也更多,而且两个概念分别导向两个不同的结果:服务质量和信任。

四、信任的层次

对信任的研究多采用多层次研究方法,从社会学的研究来看,对信任的层次可以分为一般信任与特殊信任(王飞雪、山岸俊男,1999)、对自己人与陌生人的信任(杨宜音,1999)以及对信任的跨国比较(王飞雪、山岸俊男,1999)等。

从管理学的研究角度来看,多层次研究方法的应用也比较广泛。如Sirdeshmukh 等人的研究中就将信任分为对企业管理政策和管理实践的信任以及对一线员工的信任;国内学者也曾经对专业服务的信任感进行研究,将信任分成了对医院的信任和对医生的信任(唐庄菊、汪纯孝、岑成德,1999)。这种分法与其他研究中将信任分为对销售人员的信任和对店铺的信任是类似的(Macintosh & Lockshin,1997),但是这种分层次的方法在不同的情境中适用程度是不同的。在企业管理层面和一线员工层面分离比较清楚的状态下,对两者的不同的信任可能会有不同的影响因素和结果,而且两者之间会存在互动关系;但是对于企业管理层面和员工层面并不能清晰分离的情况(如私人牙医、律师、咨询师等)下,将二者分开讨论不一定会得到令人满意的结果,可能反而合二为一的讨论更加实用。

五、对信任研究的未来发展方向

近些年来,各学科的研究人员都参与到对信任的研究之中。社会学是信任的研究基础,仍在不断发展;经济学用博弈论去解释经济交往中的信任;管理学引入信任来考察企业员工的归属以及消费者对品牌的忠诚等。信任作为关系研究的一个重要变量正在发挥着日益重要的作用,尤其在金融危机爆发之时,人们对政府的信任、对企业的信任、对未来的信任都遭遇到前所未有的冲击。在风暴渐渐平息之时,对信任的研究正在凸显出它的价值。未来在电子商务、供应链等方面研究信任将会成为前沿课题,而传统领域,如社会信任、政治信任等方面也将继续维持热度,因为信任是关系世界中一个始终无法拨开迷雾的课题。

第三章　行业选择

　　服务业在国民经济核算中是一个非常重要的行业,近些年来也成为国家重点发展的行业。典型的服务业分类大致有两种:一种将服务业分为三部分,另一种将服务业划分为四部分。前一种分类的代表是美国经济学家格鲁伯和沃克在其名著《服务业的增长:原因及影响》(1993)中的分类,他们从服务的对象出发,将服务业分为三部分:为个人服务的消费者服务业、为企业服务的生产者服务业和为社会服务的政府(社会)服务业。后一种分类的代表是美国经济学家布朗宁和辛格曼在《服务社会的兴起:美国劳动力的部门转换的人口与社会特征》(1975)中的分类,他们根据联合国标准产业分类(SIC)把服务业分为四类:生产者服务业(商务和专业服务业、金融服务业、保险业、房地产业等)、流通型服务业(又叫分销或分配服务,包括零售业、批发、交通运输业、通信业等)、消费者服务(又叫个人服务,包括旅馆、餐饮业、旅游业、文化娱乐业等)和社会服务业(政府部门、医疗、健康、教育、国防)。这种分类方法得到了联合国标准产业分类的支持,按照联合国标准产业分类,服务业的四大部门是消费者服务业、生产者服务业、分配服务业,以及由政府和非政府组织提供的公共服务。辛格曼(1978)和艾尔福瑞(1989)也采用了类似的分类。无论国外还是国内,迄今为止国民经济统计核算中的分类都与理论定义不完全吻合,这反映出统计标准和理论定义的不同步,特别是消费者服务和生产者服务经常有交叉重合。

　　从服务业的发展阶段来看,还可以将服务业分为传统服务业与现代服务业。传统服务业是指为人们日常生活提供各种服务的行业,大都历史悠久,如饮食业、旅店业、商业等。而现代服务业是在工业比较发达的阶段产生的,主要依托于信息技术和现代管理理念发展起来,是信息技术与服务产业结合的产物。具体包括两类:一类是直接因信息化及其他科学技术的发展而产生的新兴服务业形态,如计算机和软件服务、移动通信服务、信息咨询服务、健康产业、生态产业、教育培训、会议展览、国际商务、现代物流业等;另一类是通过应用信息技术,从传统服务业改造和衍生而来的服务业形态,如银行、证券、信托、保险、租赁等现代金融业,建筑、装饰、物业等房地产业,会计、审计、评估、法律服务等中介服务业等。它们通过其各种服务功能,有机联结社会生产、分配和消费诸环节,加快了人流、物流、信息流和资金流的运转。

从广义上来看,现代服务业是一种现代化、信息化意义上的服务业,是指在一国或地区的产业结构中基于新兴服务业成长壮大和传统服务业改造升级而形成的新型服务业体系,体现为整个服务业在国民经济和就业人口中的重要地位以及服务业的高度信息化水平等方面,具有高人力资本含量、高技术含量、高附加值"三高"特征,发展上呈现新技术、新业态、新方式"三新"态势,具有资源消耗少、环境污染少的优点,是地区综合竞争力和现代化水平的重要标志。

在本书的调查设计中,希望对北京市服务企业的消费者信任与选择行为进行研究,因此,需要选择具有一定代表意义的服务企业作为研究对象。这些服务企业的选择依据就是根据上述服务业分类来进行的,具体来说,在本书中,最终选择的服务行业既包括传统服务业中的餐饮业,也包括现代服务业中的金融服务业以及新兴服务行业的文化创意产业。这些行业在北京的发展都是非常迅猛的,是北京市整体服务产业的支柱。因此,本书最终选择的服务行业涉及以下几个:餐饮、金融、影视、动漫以及艺术品行业。

第四章 研 究 设 计

本书的整体研究设计思路如图 4-1、图 4-2 所示。

图 4-1 不同服务情境下的顾客来源与表现形式

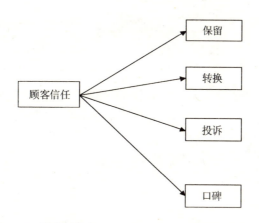

图 4-2 不同类型服务企业的顾客信任与顾客选择的关系

本书研究分为两个阶段:第一阶段,通过对不同服务行业中的企业进行消费者访谈,分析各种类型的服务企业中消费者的信任度来源以及表现形式,并且进行对比。研究结论将反映出不同服务企业消费者的信任基本信息。第二阶段,对各类服务企业进行更进一步的调查,分析各类企业顾客信任与其最终选择之间的关系。在这个阶段,首先需要对该行业消费者的整体状况进行分析,然后经过对比说明不同服务企业顾客信任与选择之间的关系如何。

第五章　分行业对比信任度高低

在服务业的发展过程中,新兴现代服务业为整个世界带来了充沛的活力。目前,世界各国服务业占国民经济的比重都很大。与发达国家相比,中国的服务业发展处于增长阶段,虽然势头强劲,但还有很大差距。而且新兴服务业与传统服务业相比,消费者行为模式发生了巨大变化。消费者的信任与选择行为在两类服务企业中存在较大的差异。在这种情况下,研究不同服务产业的消费者信任与选择行为特点有利于各服务企业适当调整发展模式,根据本行业消费者特点开发具有针对性的发展规划与营销策略。

一、我国传统服务业与现代服务业的发展现状

传统服务业是指为人们日常生活提供各种服务的行业,大都历史悠久,如饮食业、旅店业、商业等。现代服务业这一概念的界定是与传统服务业相对而言。目前,学术界一般认为现代服务业是指以生产性服务为主的服务业形态(producer service),即为生产、商务活动和政府管理而非直接为最终消费提供的服务。主要包括金融保险业、房地产业、信息咨询服务、科技开发、商务服务以及教育培训等行业,近年来现代服务业的范围有所扩大,部分学者将电子商务、现代物流、文化创意产业等列入了现代服务业范围。

关于我国整体服务业的发展状况,学者们已经开展了大量的研究工作。从我国服务业的发展现状来看,从 1978 年占 GDP 的 23.7%到 2006 年的 39.4%,服务业整体上有了大幅度增长。在 20 世纪 80 年代,我国服务业的增长速度达到了 10.9%,明显超过当时 GDP 的增长速度 8.9%。但是,自 1990 年以来,服务业占 GDP 的比重一直保持在 31%~34%,近

10 年来发展步伐并不明显。这些数字表明,我国的产业结构已经发生重大变化,国民经济中第三产业(服务业)的发展速度在 20 世纪 90 年代以后有所停滞。

从行业结构来看,我国服务业的行业结构呈现多样性特征。总体上讲,传统服务业仍占主导地位,与此同时,新兴服务业也在蓬勃发展。但是,相对于传统服务业来说,现代服务业的发展比较缓慢。近年来我国服务业占 GDP 的比重一直在 40% 左右徘徊,而且以传统服务业为主,吸引就业仅为 31%,不仅远低于 OECD 国家的 64.1% 的平均水平,甚至还低于大多数发展中国家水平(40% 以上),而美国在 1994 年各类现代服务业的比重就已经超过了 50%。由此可以看出,我国服务业发展中,代表现代经济发展方向的现代服务业发展滞后,导致整个服务业发展水平落后。

从我国服务业的技术和知识含量来看,劳动密集型服务组织仍占主导地位,技术和知识密集型的服务组织所占比重很低,这种行业结构水平对我国发展高新技术服务业和提升产业结构很不利。从劳动力就业增长方面来看,第三产业内部劳动力增长最快的部门是批发和零售、餐饮等传统服务业,而科学教育、文化卫生等部门的劳动力就业增长缓慢。

从国际比较来看,我国的服务业占 GDP 的比重虽然有了很大程度的上升,但是与发达国家相比相差甚远,甚至与很多发展中国家相比也很低。例如,2004 年世界平均服务业增加值占 GDP 比重达到 67%,发达国家达到 80% 以上,大部分发展中国家的服务业也能达到 48% 左右,而我国的服务业增加值占 GDP 的比重仅为 40%。因此,在国际上我国的服务业整体水平较低。

从上述服务业发展现状来看,改革开放以来,我国的服务业虽然有了很大发展,但是现代服务业的发展仍然处于比较落后的状况,行业结构不合理、发展速度停滞、缺乏国际比较优势、对 GDP 的贡献度相对较低。这种情况与我国调整产业结构、大力发展服务业的整体方向不相符合。

尽管如此,新兴现代服务业的发展势头正劲,尤其是 2005 年以来,国家发布新的产业政策,将文化创意产业等作为新兴支柱产业加以扶持。

2005～2009 年,我国现代服务业的发展突飞猛进。如其中的文化创意产业中的电影产业,在 2008 年获得了破纪录的电影票房。据国家广电总局统计,2008 年中国电影票房收入达到 43 亿元,首次进入全球前十,其中国产电影的贡献超过 60%,连续六年超过进口影片。2009 年元旦、春节贺岁档期,国内票房总额即突破 10 亿元,为 2009 年的中国电影赢得了开门红。2009 年全年电影产业票房超过 60 亿,比上年增长了 33%。文化产业在经济危机日益严峻的时候逆势上扬,说明该产业具有很强的生命力,也说明我国电影产业已经初步形成规模。这些数据只是文化创意产业发展的缩影,此外动漫产业也有了突破性的进展。国产动画已经开始有了自己的产品和受众,并且开始具有一定的规模。

针对上述现代服务业发展的新特点,本书选择传统服务业和现代服务业中具有代表性的餐饮、金融、影视、动漫高科技产业作为比较对象,采取随机抽样方法,对四个行业中的消费者进行调查,分析两类服务业中消费者的一些特点,对比结果将为两类服务企业制定正确的顾客策略提供来自消费者的数据基础。

二、两类服务业的顾客信任与选择行为对比

按照不同的行业划分,我们在北京进行街头拦访,随机调查样本 300 人次,调查过程及结果如下:

(一) 传统服务业——餐饮行业

餐饮行业的调查分成四大类:中高档餐馆、低档路边小吃店、中式快餐、西式快餐。四类餐馆的调查结果如下:

1. 中高档餐馆

在北京市的中高档餐馆中,我们选择了两家位于繁华商业区的餐馆作为调查对象。一家是位于西单、五道口、长虹桥等商业区的"麻辣诱惑"连锁店,另外一家为国贸地区京广桥的"松子餐饮"。两家餐厅的价位存在比较明显的差异,"麻辣诱惑"为人均 60～100 元,而"松子餐饮"为人均

150～300 元。因此,可以认为"麻辣诱惑"是中档餐馆的代表,"松子餐饮"为高档餐馆的代表。

从调查结果来看,在"麻辣诱惑"和"松子餐饮"就餐的消费者,主要是受过较好教育、收入较高(月收入 3000 元以上)的公司职员及企事业单位员工,这类消费者比较关注餐厅的环境、菜品的变化、交通的便利性等属性,同时对餐厅的服务水平和等待时间要求较高。在信任度方面,"麻辣诱惑"的消费者对其信任度较低,认为该餐厅并不能将顾客视为上帝,服务过程也存在问题;而"松子餐饮"的消费者对其信任度则相对好一些,对该餐厅的食品以及整体的服务水平表示认同。从忠诚度方面来看,"麻辣诱惑"的忠诚度也要略低于"松子餐饮",这与两家餐厅的档次有一定关系。但"松子餐饮"的顾客对其价格表示异议,认为其价格过高,这也成为该餐厅发展中的一个比较明显的问题。

总的来说,中高档餐馆的消费者相对比较固定,他们有较高的学历,对饮食的要求比较高,对就餐环境的要求也比较高,对价位可以忍受,但要求有相应的服务。他们比较挑剔,一旦餐馆服务出现问题,如等位时间或上菜时间过长,顾客会表现出厌恶情绪,同时表现出不信任的心理,忠诚度受到影响。

2. 低档路边小吃店

低档路边小吃店是北京餐饮行业的主力军,遍布京城大街小巷。其中既有名不见经传的路边摊,也有名声在外的小食馆。在此类餐馆中,项目组选择了两家小店作为调查对象。一家为有一定品牌声誉的"王胖子驴肉火烧",另外一家为没有品牌的小吃店。两家小吃店的消费水平相近,人均 10 元左右即可饱餐一顿。因此可以将这两家小店作为低档路边小吃店的代表。

从调查结果来看,此类路边小吃店的消费者集中在收入较低的群体,包括学生、服务业从业人员等工薪阶层。此类消费者比较关注餐厅的上菜速度、食品的口味、价格、便利性等属性,对就餐环境不太在意。在信任度方面,此类路边小店的顾客信任度反而比较高,这可能是因为该类小店的食品口味特殊,顾客关注点又集中在食品口味方面,因此信任度较高。

但是在对不去路边小店吃饭的消费者进行调查时发现,此类顾客对路边小店的信任度较低,主要是害怕食品卫生安全没有保证。因此,对于路边小吃店的消费者信任度需要从两个方面来考察,即吃过和未吃过的消费者需要加以区分,否则很难真正得出该类小吃店顾客的信任度评价。从忠诚度来看,路边小店的忠诚度也存在两种反应,喜欢吃某种特定口味食品的顾客忠诚度比较高,而没有特定口味要求的顾客忠诚度则较低,这也是餐饮行业的一个比较明显的特征。

3. 中式快餐

快餐是餐饮行业中具有代表性的一类,其中又分为中式快餐和西式快餐。中式快餐以中式食品为主,包括米饭、面食等食品,但又不同于大排档,其食品在一定程度上实现标准化生产和标准化服务。项目组选择了两家比较具有代表性的中式快餐作为调研对象,一家是"真功夫",另一家是"吉野家",两家中式快餐店的消费水平相似,人均在 30 元左右,可以作为中式快餐类餐馆的代表。

从调查结果来看,"真功夫"和"吉野家"两家中式快餐店的消费人群比较接近,主要是收入较低、年龄比较年轻的女性消费者。该类消费者收入水平不高,但喜欢逛街,对就餐的环境和食品卫生有一定要求但不苛刻。对食品的营养有要求,因此乐意选择中式快餐而不是西式快餐。从顾客信任度来看,两家中式快餐店的消费者对其信任度较高,平均水平超过中高档餐馆和路边小店。主要原因在于中式快餐集合了两种餐馆的优点,即环境有一定保障而且价格便宜,因此顾客的忠诚度也超过以上两种餐馆。

4. 西式快餐

西式快餐在中国发展时间很短,但是异军突起,发展的态势远超过中式快餐。西式快餐比较有代表性的是两家国际快餐连锁店肯德基和麦当劳,本书选择肯德基作为研究对象,人均消费在 40 元左右,代表西式快餐类餐馆。

从调查结果来看,肯德基的消费人群比较均衡,但呈现出年轻化的态势,收入在中低收入者偏多。在肯德基消费的顾客对于就餐环境的要求并不是第一位的,反而是要求能在该餐厅吃饱。这与传统上认为的人们喜欢西式快餐店的环境这一观点存在差异。主要原因可能在于肯德基已经进入中国多年,人们生活水平的提升使得他们对西式快餐的理解发生了质的变化。人们开始走出洋快餐的光环,更加关注洋快餐的食品质量以及口味。从顾客信任度来看,消费者对于肯德基的店面环境、食品质量等比较信任,对其服务水平也表示认可,但对于其新产品的推出却表现出相反的态势。人们并不认为西式快餐能够做出适合中国人口味的食品,因此,对肯德基推出的新产品反应不佳。就忠诚度来看,到肯德基消费的顾客主要目的是逛街填饱肚子和休息,因此,忠诚度不高。

从这四类餐饮企业来看,顾客信任度和忠诚度最高的是中式快餐类的餐饮企业,这在餐饮行业里的纵向对比方面具有重要意义。其他类型的企业需要采取一定的措施去提升自身的竞争力,赢得顾客的信任和忠诚,这样才能在经济不景气的时候不至于损失大量客源。

(二) 现代服务业——金融服务业

在金融服务业方面,项目组选择了中国银行和招商银行作为金融服务业的代表企业,调查的样本数达到 130 人次。调查的内容主要包括银行的总体服务水平和消费者对金融产品的态度。

调查结果显示,在银行的总体服务水平方面,银行的硬件缺陷表现为各支行的整体环境良莠不齐,有的支行设施不健全,如坐椅不舒适,笔不好用,等候时缺少供翻阅的报纸杂志,ATM 机陈旧,缺少金融咨询单独的房间等。这些问题会使顾客在等候的时候焦虑感加倍,不利于保护顾客个人隐私,缺乏被重视的感觉。而软件方面的缺陷表现为:最突出的问题是等候时间长,柜台人员服务态度不够好,工作人员对不办理业务的顾客态度略冷淡,资源利用效率低:对公业务窗口闲置,而办理个人业务过多,大堂经理缺乏提前预知客户可能遇到某些问题的意识,如指导老年人填写业务申请单,主动询问客户等,使得有些客户在办理业务时询问柜员,柜员就会叫来大堂经理前来解决问题。工作人员对基本业务知识的掌握程度不一,导致柜员办事效率低,无法解决顾客提出的部分问题。这些缺陷使得单笔业务的时间增长,银行自身运营效率下降,影响在客户心中树立良好形象。在消费者对金融产品的态度方面,顾客反映银行的金融产品设计比较单一,只关注销售、不关注售后服务等问题也比较严重。从顾客信任度方面来看,不论是中国银行还是招商银行,顾客的信任度总体来说比较好,超过餐饮行业的总体水平,但是顾客内心的忠诚度却不高。这与我国银行的软硬件设施落后但处于垄断地位存在相关关系。

(三) 现代服务业中的文化创意产业——影视产业

影视产业是现代服务业中的一类产业,隶属于文化创意产业。项目组对北京市电影产业的消费者进行了初步的调查,主要涉及消费者的观影偏好、对电影院的选择和评价、消费者构成等方面的内容,调查方式为影院门前的随机调查,调查人数为 74 人次。调查结果如下:

(1) 在不同时间段的观影人群中,年轻观众比例较大。在不同电影院的调查结果都显示年龄在 18～25 岁的青年人为观影的主要人群,这类人群的收入集中在 3000 元以内,表明电影产品的主要消费者并不是高收入的成年人,而是中低收入的年轻人为主流。

(2) 从观影偏好上来看,相当多的消费者倾向于上网下载或在线观看,一部分消费者选择购买电影 DVD,约 1/5 的观众选择到电影院观影。

(3) 从影院的选择来看,多数观众选择某一特定电影院观看电影的原因主要由影院的地理位置、交通条件和影院环境决定,影院的促销活动和宣传也占有一定的位置,但是作用不大。

(4) 从票价来看,多数被调查者认为电影票价比较昂贵,迫切需要改善,观众希望得到直接降价或折扣等实惠。

(5) 从顾客信任度方面来看,去电影院看电影的消费者对于特定电影院的选择没有特殊要求,只要是交通便利、影片更新速度快就可以。对于影院的硬件条件,消费者一般都表示信任,相信影院能够提供观影所必需的条件。由于北京的影院条件较好,尤其是新建成的影院,硬件、软件条件都比较好,因此顾客的信任度也较高。但是从忠诚度的角度来看,由于各影院的差异性不明显,观众可选择的影院比较多,忠诚度得分不高。

（四）现代服务业中的文化创意产业——动漫高科技产业

动漫高科技产业属于现代服务业中的文化创意产业，也是北京市重点扶植的产业之一，因此，项目组将动漫产业列为调查对象，调查消费者对于国产动漫产品的消费态度。

从调查结果来看，女生喜欢动漫的较多，基本上对日本的动漫作品比较痴迷，她们一致认为日本动漫产业发展成熟，由此而生的相关衍生品和相关产业完备。动漫作品的故事情节架构精彩，人物设计刻画细腻，吸引人，做工精良，作品的分类和题材丰富，迎合各个年龄层（不仅仅是青少年，成人市场也很大）和各种喜好的消费者。以上都是值得中国动漫产业学习和借鉴的方面。同时消费者提出中国动漫产业应做出自己的特色，比如将具有浓郁中国特色的木偶、皮影、水墨画、功夫、神话，历史等融入动漫作品的内容和制作当中。消费者在消费过程中不太注重产品的实用性，购买多用于个人收藏和送礼。购买时主要考虑个人喜好、价格和质量三个因素。消费者的消费频率不固定，没有规律。消费地点集中在崇文门的搜秀动漫城、报纸杂志亭和路边的动漫小店（见表 5-1）。

表 5-1　四类服务企业顾客信任与选择行为对比

		消费者构成	消费者偏好	顾客信任度	顾客忠诚度
餐饮行业	中高档餐馆	教育程度较高、收入较高、企事业职员	环境、菜品、交通便利	中等	中等
	路边店	收入较低、学生、工薪阶层	速度、口味、价格	喜欢的较高不喜欢的较低	喜欢的较高不喜欢的较低
	中式快餐	收入较低、年龄较小、女性	环境、营养、卫生	高	高
	西式快餐	中低收入者、年轻人	质量、口味	中等	较低
金融产业		无特定人群	软、硬件设施	高	行为忠诚度较高情感忠诚度较低
影视产业		年轻人、学生	价格、折扣	高	较低
动漫产业		青年、少年	日本动漫	低	低

从信任度来看，消费者对国产动漫的信任度较低，认为国产动漫产品

质量较差,制作粗糙,情节创意较差,不如日本动漫产品。因此,尽管国产动漫已经有了很多新的具有代表性的产品,但是消费者的忠诚度也不高。反而是日本动漫中的哆啦 A 梦等角色更具有竞争力,消费者对其周边产品的忠诚度也更高。

三、研究结果

从调研的整体结果来看,北京市服务企业中,以餐饮业为代表的传统服务业在顾客信任度和顾客忠诚度方面的得分不高,各类餐饮企业对于顾客的需求满足以及培养忠诚顾客方面做得还不够。中式快餐相对比而言成绩稍好,但是在信任和忠诚上与现代服务业的几个行业存在明显差异。这与行业的特征有密切的联系,因为餐饮企业本身是一个充分竞争的行业,企业数量众多,消费者数量众多。消费者的偏好不同而且比较容易改变,因此,在选择过程中很容易产生背离。但是,不能因为行业具有这样的特点就忽视对忠诚客户的培养。尽管餐饮企业竞争对手众多,但是只要企业能够提供符合客户需要的产品,能够满足顾客对餐饮的需求,还是能够创造出相当多的忠诚客户。这在路边小店的调查中明显地表现出来。在北京市现有的餐饮企业中,有一部分私家菜馆就是秉承着这样的原则来吸引和维系忠诚客户的。

对于现代服务业的各类企业,顾客信任度和忠诚度表现不一。在金融企业中,顾客信任度和忠诚度比较高,这是因为我国金融服务企业仍然类似于垄断行业。尽管服务过程中顾客会遇到很多问题,但是由于没有太多的选择,顾客只能在接受现有服务的基础上促进企业改善服务水平。当金融企业在服务方面做出提升时,顾客很容易就满足于这种提升,也因此对企业更加信任。所以,金融服务业中顾客信任度和忠诚度的得分相对较高是与该行业的行业特征密不可分的。

而对于新兴的文化创意产业来说,由于发展时间不长,商业化不充分,国外同类产品的有力冲击等原因,使得该产业的消费者对国内产品的信任度和忠诚度都不高。在电影产业中,顾客对电影院线的选择没有太多的心理上的预期,因为基本上各院线的硬件设施差别不大,而电影产品的播放也没什么差别,所以顾客并没有表现出很强的忠诚度。不过,对于相当一部分消费者来说,到电影院看电影别有一番感觉,因此,他们不愿意看 DVD 或在网络上观看。从这个角度来看,到电影院看电影的消费者对于中国的电影产业来讲还是充满信心的,这个结论在北京市 2008 年电影票房上得到了验证(北京市 2008 年电影票房超过 5 亿,其中国产影片票房大大超过进口影片)。

在动漫产业中,顾客对国产动漫产品的信任度和忠诚度均处于比较低的水平,这与该行业还没有得到大力发展有一定的关系。国产动漫产品制作、发行等方面仍然处于起步阶段,缺乏设计、发行、营销人员,因此,消费者对国产动漫产品的偏好度不强。不过,这种情况也正在发生改变。2009 年初,电影票房中一匹黑马《喜羊羊与灰太狼》的出现让动漫消费者对国产动漫的信心增强。同时,在网络上一些动漫爱好者对国产动漫产品进行了一些梳理工作,也让很多消费者从侧面对国产动漫的发展有了更进一步的了解。随着这种了解的加深,消费者对国产动漫产业将会更有信心,也会有一些动漫形象如《机器猫》一样成为消费者心中永远的偶像。

总之,传统服务业和现代服务业的消费者对各行业的信任度和选择行为存在明显的差异,各行业的企业需要针对本行业消费者的特点,制定符合本行业发展规律的策略,从而在日益深化的经济危机面前牢牢掌握住忠诚客户,使企业得到持续发展。

第六章　分行业调查顾客选择行为特征

由于对传统服务业和金融服务业的研究较多,本书对北京市餐饮业和银行业的顾客选择行为调查从简,重点放在新兴服务业中的电影产业、动漫产业以及艺术品行业的消费者行为特征方面。

一、北京的餐饮业及其消费者状况

餐饮业是传统服务业中的代表行业,尤其在北京,餐饮业的发展更是整个服务业发展的一个缩影。据北京市统计局数据显示,2009 年 1～6 月北京餐饮业零售额累计为 227 亿元,同比增长 13.6%,略高于社会消费总额增长速度 0.4 个百分点。上半年餐饮零售额占全市社会商品零售额的9.08%,较 2008 年同期提高了 0.5 个百分点。

2009 年上半年北京餐饮市场动态和有关数据显示:餐饮经济整体局势稳定。总体特点表现为如下五个方面:

(1)北京市餐饮业的集团化和规模化正呈良好的发展势头,他们仍是市场的主力军。2009 年 1～6 月,北京全聚德烤鸭股份有限公司、北京吉野家快餐有限公司等百家企业的营业额约占市场份额的 10%。全聚德营业额同比增长 14.5%,接待人次同比增长 29.4%;大董烤鸭店营业额同比增长 20%;吉野家营业额同比增长 20%。

(2)老字号和风味餐馆备受青睐,这也是餐饮市场的亮点。著名的全聚德、便宜坊、东来顺、丰泽园、仿膳、柳泉居、沙锅居、烤肉季、烤肉宛、惠丰堂等老字号,在元旦、春节、五一节等期间宴会包桌销售一空,烤肉季的营业额同比增长了 26%。

(3)品牌大众餐饮红火。低价位菜点和优惠促销活动带动餐饮消费,聚德华天、翔达旗下 30 多家老字号企业推出新菜的价位大多数都在 20～

40元的百余种菜点,深受广大消费者欢迎,并带动原有风味特色名菜的销售,庆丰包子铺的营业额同比增长了25.1%。

　　(4)餐饮企业在京扩张步伐加快。小肥羊在北京、上海及深圳增加40家分店;全聚德继双榆树店落户中关村商圈外,3家直营店开张;大董上半年开店1家;吉野家上半年开店13家,计划下半年再开17家;庆丰包子铺上半年开新店10家;麦当劳上半年开店10家;还有百胜、真功夫、嘉和等快餐店、便餐店相继开店。

　　(5)餐饮街区红火。王府井、国贸、方庄等30条餐饮特色街是百姓喜欢的地方,一批新的餐饮特色街正在形成,如朝阳区的蓝色港湾、亚·奥北"辣街"等。

　　餐饮业的持续发展让北京的服务业水平也出现持续提升的势头,经历了2008年奥运会洗礼的北京市餐饮服务业在各档次、各风味、各品牌的带动下继续向高服务水平、高餐饮质量方向发展,到餐馆就餐的消费者也呈现出不同的特征(餐饮业顾客信任与顾客选择行为特征见第五章)。

二、北京的银行业及其消费者状况

　　金融业是现代服务业的代表行业。北京市的金融业在全国具有举足轻重的地位,虽然不像上海定位为金融中心城市,北京的金融业仍然呈现出服务业支柱产业的特点。据北京市金融工作局公布的数据,2009年北京市金融业实现增加值1720.9亿元,同比增长13.5%。

　　2009年金融业占北京市地区生产总值的14.5%,金融业继续保持全市第一大产业优势。金融业对北京市经济增长贡献率达16.7%,成为经济增长的重要推动力量。金融业在北京服务业中比重达到19.1%,同比提高1个百分点,继续带动北京市服务业结构优化升级。

　　2009年北京市金融机构本外币各项存款余额为56960.12亿元,比年初增加12174.92亿元。其中,人民币存款余额为54275.47亿元,比年初增加12042.97亿元。北京市金融机构本外币贷款余额为31052.89亿元,比年初增加7883亿元。其中,人民币贷款余额为25421.79亿元,比年初增加 5277.5 亿元,均比上年全年增加额翻了一番。

银行是金融业的主要代表行业,北京市的银行业具有以下五大特点:

(1)北京的银行资产总量大。全国的银行资产总量是 75 万亿元左右,北京是 7.5 万亿元左右,占全国银行业资产总额的 1/10 强,比上海、江苏、浙江等金融发达地区高出约 1/3 左右,这个量是很大的。总量大带来的一个问题就是北京今年贷款的增加量也大。北京是在盘子比较大的基础上有了新的增加,目前贷款余额为 31000 亿元左右,比去年同期增加了 6000 多亿元,同比增幅近 30%。资产和贷款规模在较大基数基础上大幅增长,充分展现了北京银行业机构支持首都经济发展的积极态度和主动出击的成效。

(2)银行业支持总部经济力度大。总部经济是北京经济的一大特色。北京有关总部经济的关联群体有 800 多家。目前北京银行业对 800 多家大客户、大集团公司贷款余额为 19000 亿元,约占北京地区贷款总额的 60%,总部经济的贷款比年初增加了 3000 多亿元,相当于北京今年新增贷款的 50%,可见北京银行业支持总部经济的力度之大。

(3)北京银行业风险处于较低水平。北京银行业风险控制与不良贷款控制比较好,不良贷款在 7 月末为 350 亿元,北京总的贷款额为 31000 多亿元,不良率是百分之一点零几,全国平均是百分之三点几,北京比全国低 2.5 个百分点,比年初下降了 0.3 个百分点。

(4)拨备水平迅速提高。为有效应对金融危机的影响,北京银行业机构未雨绸缪,迅速提高了拨备水平。截至 2009 年 7 月末,银行业机构拨备覆盖率接近 140%,比年初提高 20 多个百分点,比去年同期提高了 76 个百分点,它使北京银行业的风险抵补能力有了明显提升。

(5)盈利相对平稳。在贷款基准利率连续下降、利差收窄等重大不利因素影响下,北京银行业机构通过加强管理,拓宽收入来源渠道,如加大中间业务收入,截至 2009 年 7 月末,中间业务收入接近 90 亿元,同比增加近 5 亿元;中间业务收入率接近 15%,同比上升近 2 个百分点,北京银行业机构盈利水平保持相对平稳。2010 年前 7 个月,北京银行业机构共实现利润近 330 亿元。而同期,国外的银行尤其是美国部分银行还处在亏损或面临倒闭的状态,国内的银行基本上都是盈利的。

银行业的消费者同餐饮业类似,都具有全年龄、全行业的特点。在银行存款理财的消费者存在于各行各业,因此,本书没有对银行业整体消费者状况进行分析,而是针对银行业的消费者行为特征进行调查。

三、电影产业及电影消费者状况研究

(一) 引言

电影是一种特殊的文化商品,具有强烈的文化属性,不同类型的影片具有截然不同的文化特征。同时,在电影的消费过程中,消费者自身的文化特征也在很大程度上影响其具体的消费心理与消费行为,进而产生具有显著差异的需求与选择偏好。中国电影经历了百年的发展,到了 21 世纪电影产业在近几年得到了突飞猛进的发展。特别是 2008 年被称为中国电影"井喷式"增长的一年,全年电影票房(不含农村市场)达到 43.41 亿元,较 2007 年增长了 10.14 亿元,增幅达 30.48%。加上国产电影的海外销售收入(含票房收入)25.28 亿元和全国各电影频道播放电影的广告收入 15.64 亿元,全年电影综合效益达到 84.33 亿元,比 2007 年增长 17.07亿元,增幅达 25.38%,创下了辉煌的历史新高,2009 年更是创造了全年超 60 亿元的票房神话。

(二) 中国电影产业的发展状况

1905 年,北京丰泰照相馆拍摄了京剧表演艺术家谭鑫培先生演出的无声电影《定军山》,是有记载的中国人自己摄制的第一部电影,标志着中国电影的诞生。在中国电影 100 年发展过程中,虽然拥有多家电影公司,100 年间出品了上百部优秀电影产品,但是整个电影产业与好莱坞完整的电影产业链相比相去甚远。

新中国成立后直至 20 世纪 90 年代,由于历史的原因,中国电影产业始终与计划经济相挂钩,电影产品的商业化运作非常薄弱,整个电影市场处于非常艰难的时期。真正触动电影市场的改革是在 1992 年底确立社会主义市场经济体制的方针之后。当时中国电影市场的状况是：1979～1992 年，观众总人数依次从 293 亿下降至 105 亿，放映场次 1991 年比 1979 年下降了 20％；较之 1991 年，1992 年电影发行、放映收入分别减少了 19％和 15.7％；票房收入从 24 亿元骤减至 19.9 亿元。

1993 年，中国电影发行体制进行了全面改革，中国电影市场在动态化的重新组合中，开始以全新的方式接受来自市场经济的冲击和挑战。电影消费市场的生存状态、组织方式、供需格局都发生了前所未有的变化：电影股份公司和专业发行公司开始相继成立；制片企业联合多家电影院成立产销联营院线；超百万利润的电影院在全国突破 200 家，并着手考虑成立联营院线开展集团发行业务；准独立制片人和独立制片人开始出现，制片人以各种合法的方式与国营电影厂联合制片。中国电影市场开始了寻找电影经济最佳运营模式的探索之路。

到了 20 世纪末，中国电影市场虽然在体制改革方面迈出了坚实的步伐，却仍只有 10％的国产片保本或稍微盈利，70％的县级公司亏损，影院票房的 40％依赖于进口大片。1994 年，开始采用电影分账制度，进口大片的票房剧增，但是急剧压缩国产电影的市场。2000 年，中国整个电影市场的票房跌到 8.1 亿元，其中进口片占了 7 亿多元。有限的片源、有限的剧本、有限的资金、有限的人才、有限的管理职能、有限的政策空间以及多种媒体迅速发展造成的观众分流等，使这段时期的中国电影市场仍处在观众人数锐减、电影年产量下降的窘迫困境中。

进入 21 世纪之后，随着中国加入世界贸易组织，尽管受到法规、意识形态等方面的种种限制，以美国好莱坞电影为代表的外国电影仍然开始陆续进入中国电影市场并取得了相当成功的经济效果，中国电影市场开始面对经济全球化和文化全球化的挑战。2002 年电影市场进行了院线整合，最终形成了资本紧密型院线、签约松散型院线、制发放合一院线、跨区域协作院线和波动性院线五类主要院线。通过院线整合，电影企业共同操作市场，共同承担风险，借以打破行业垄断，调动经营者积极性，并能够在一定程度上抵御国外发行商所带来的外国影片的侵袭。直到 2003 年

《英雄》之后中国电影市场逐渐加快复苏,到 2007 年国内总票房达 33.27 亿元,增幅达 27%,居全球之首,票房总量在全球市场排名第 11 位,目前的成绩来之不易。

(三) 中国电影发行放映机制的变革

1. 新中国成立到 20 世纪 70 年代末

新中国成立后,模仿苏联电影的管理体制,建立起了一个从管理到生产、经营的完整配套的新中国电影事业体制。

1953 年在苏联专家帮助下,我国制订了第一个五年计划中的电影管理计划。其中,对制片厂实行行政指令性管理,建立了摄制工作制度和制片主任制度及制片生产的各项规定。在发行方面,把中国影片经理公司改组为中国电影发行放映公司,将各大区公司建制为各省、市发行机构,并建立完善了发行放映经营管理的各种规章制度,在电影局设立了电影放映管理处,各省、市、自治区文化管理部门也成立相应的各级机构,有一级政府就有一级电影发行放映公司加强放映工作的统一管理。这一整套设施的建立,都是以行政化机制为依据和功能目标的,而市场效应和市场运转则作为辅助的手段,因此形成了从中央到地方垂直管理的政企合一的电影发行体制。

从 20 世纪 50 年代开始逐步完善起来的电影产业结构体制,以它特有的规律运转,除了 1958 年和 1976 年由于众所周知的原因发生过几次动荡外,30 年来其基本架构和内部经济关系未有任何本质上的变化。同其他行业一样,电影业走的是计划经济体制,统一由国家预算拨款和专项拨款维持其建设、生产和流通。制片方面,制片厂根据上级对数量及题材的严格计划接受影片拍摄任务。发行方面,作为全国发行放映总代理的中影公司负责收购影片,之后通过等级分明的各个发行放映公司以业务和行政相结合的手段从省、市、县往放映单位发放拷贝。

2. 20 世纪 80 年代

改革开放后,电影业在 20 世纪 80 年代初期开始,出现了几次改革浪潮。1979 年的《关于改革电影发行放映管理体制的请示报告》,调整了发行收入分成比例,增加了用于发行放映事业的生产基金。1980年文化部又以1588号文件的形式规定,中影公司根据发行需要所印制的拷贝量按一定单价与制片厂结算,使制片厂产量增加,利润上升。1984年5月文化部正式提出成立中国电影总公司的体制改革方案。1985年1月电影局在广州召开电影体制改革座谈会,提出简政放权、政企分开和扩大制片业与发行业经营自主权的精神。同年,同意在一些地区对部分影片的票价实行浮动,以缓和电影收入的下降趋势,电影的价格体制在经历了35年之后(始终维持在20世纪50年代的0.20~0.35元),终于在市场竞争的冲击下出现了初步的松动。

随着改革开放的逐步进展,录像业、歌厅和综合文化娱乐业开始兴盛,电视日渐普及,使电影观众出现了明显的分流。1984年仅一年时间,电影观众就减少了52亿人次。迫于市场压力,电影制片迅速走向娱乐化、类型化。

1986年1月,电影局从文化部划归广播电影电视部领导,加强影视统一领导和统筹规划是合并的初衷,但电影局合并到广电总局后,各地电影单位特别是省、市、县级发行公司仍由地方文化部门领导和管理,以至形成了"上合下不合"的现象,对电影全行业管理造成了很大的困难。1986年,全国电影市场进一步萎缩,全国1/3左右的发行企业亏损,许多放映单位改营他业,反过来又影响到了电影制片企业的严重亏损。针对这种情形,1987年曾经提出了代理发行、一次性买断和按比例分成等五种结算方式发行影片,但1989年又很快倒退回来,顽强地按拷贝结算的方式。

3. 20世纪90年代后至今

20世纪90年代的电影改革在1993年元月以"广电字(3)号文件"即《关于当前深化电影行业机制改革的若干意见》及其《实施细则》(征求意见稿)为标志。自此,40多年的计划经济下电影的统购统销以及由此形成的制片、发行、放映三者之间经济分配上的不合理开始发生重大变化,其中重要一条就是中影公司的全国垄断经营被打破。但是问题紧接而来,各省级公司在自己的行政区域内独家经营、垄断发行以及发行行业中间环节过多的局面仍然普遍存在。经过发行影片直接面向地市级公司的"江苏突破"、"山东突破"后,制片厂、中影公司与省级公司在发行上的矛盾更加突出。

1994年8月1日,广电部电影局下发了《关于进一步深化电影行业机制改革的通知》(1994年348号)。这个文件按照中华人民共和国《著作权法》和国务院《关于进一步加强知识产权保护工作的决定》精神,明确影片(著作权)发行权拥有单位可以直接向北京等21家省市(11家老、少、边、穷省、区除外)的各级发行、放映单位发行自己的影片。这一指导思想使得电影全行业所有企业的经营自主权得到认可,在很大程度上促使市场多主体的形成。

1995年1月,随着当时广电部《关于改革故事影片摄制管理工作的规定》(广发影字〔1995〕001号)的出台,昭示着制片行业几十年一贯制的计划管理模式的改革终于迈开了小小的、但却极有意义的一步。根据文件规定,全国拥有故事片出品权的不再仅仅是原来的16家制片厂,一大批一直未得承认的省级电影制片厂终于赢得了自己的影片出品权。很快,省办厂的积极性很快被调动起来。山东厂、浙江厂、山西厂等分别投拍了《孔繁森》、《信访办主任》、《刘胡兰》等重点题材影片。但由于其他配套设施的缺乏,制片行业并没有得到真正的复兴。

由于市场上影片节目的严重缺乏,使得改革必须往前迈进一步。1997年,制片(出品权)进一步放开,无论"机关、企业、事业单位和其他社会团体",甚至"个人以资助、投资的形式"都均可"参与摄制电影片"。1995年的改革还仅仅是打破原16家制片厂的垄断,而1997年的改革则是完全取消了国有制片企业的垄断保护权力。改革方案很快得到执行,北京紫禁城率先尝到了改革所带来的实惠。因《离开雷锋的日子》一炮走红的北京紫禁城影业公司,得到了广电部电影局果断给予的极高奖赏——影片制作企业生产的出品权。

也是在1997年,单片发行权开始放开。《鸦片战争》以民间集资方式操作并以此成立四川《鸦片战争》影视制作有限公司,这一举动在电影界引起了强烈反响。发行上,电影局则对这家没有单独出品权的公司首次给予了影片单独发行权,政策方面享有同峨影厂发行此片时一样的权利。同年,地处深圳的南国影联开始了从放映行业争取单片发行权的第一步。这家以放映为主的股份公司,于 1997 年 10 月以委托代理方式购买了合拍影片《联合出击》的国内版权。

从 2002 年开始,以新的《电影管理条例》颁发为总标志,中国电影业开始了新一轮的体制改革和产业化进程。其中重要的一个环节是制片业的初步放开,一些民营机构也拥有了独立拍摄电影的条件。这进一步促使民营资本注入到电影制片业中来,从而为电影制片业带来新鲜血液。以往,民营机构拍摄电影是比较困难的,因为缺乏"资格",所以必须与电影制片厂合作,使用厂标。近年来,广东巨星、华谊兄弟、北大华亿、中博时代、海润等一些民营影视制作机构迅速成长,它们以其独特的理念和手法成为一支不可忽视的力量。但是,由于政策上的限制,它们只能以影视界"游击队"的身份存在。而这次改革意味着民营机构无须再买厂标,可以独立投资拍摄电影。该措施适应社会主义文化市场规律要求——此次形成的制片格局打破了旧有的国有制作机构一统天下的格局,呈现出了多元化的特点(虽然现在这个多元悬殊还很大),将更具有竞争性,因为它们都将在市场规律下平等座次、优胜劣汰。

发行放映业的机制改革同样激烈,主要体现在"院线制"的推广上。电影院线是电影放映行业的一种具有垄断性的经营体制,是经营者为发展和保护其经营利益,在某些城市或地区,掌握相当数量的电影院,建立放映网络,借以垄断某国或某一电影制片公司新版影片的公映。中国最早出现的电影院线,是 20 世纪初至 20 年代中期,由西班牙电影商人雷玛斯在上海建立的,由虹口、夏令配克、维多利亚等七家电影院组成的电影院线;其后中国影戏院公司在平、津、沪等地也建成相当规模的电影院线;20 世纪 20 年代初中国电影资本家罗明佑在华北、东北建立电影院线;20 世纪 30 年代,天一影片公司企业家邵氏兄弟在新加坡、马来西亚等地组建南洋电影院线。现在港台等地仍有些电影发行放映商采用电影院线体制。

2002 年 6 月 1 日,全国 23 个省(市)的 30 条院线正式挂牌营业。其中,11 条为跨省院线,19 条为省内院线。同时,北京、上海、湖北、湖南、广东、四川、江苏、浙江 8 省(市)已率先完成了两条院线的组建工作,而江苏和浙江则分别组建了 3 条院线。经过 5 年的发展,院线制发行让中国电影产业有了突飞猛进的发展。到 2007 年,北京、上海、广州、深圳、成都、武汉、杭州、南京、重庆、大连、天津、哈尔滨 12 座城市收获票房合计达 168487 万元,占全国城市电影院线票房的 60.43%;观众人次合计为 5955 万,占全国城市院线总观众人次的 52.24%;放映场次合计 1977 千场,占城市院线总放映场次的 50.64%。其中,北京、上海两城市 2007 年院线票房均在 3 亿元以上,票房合计 69472 万元,占全国城市院线票房的 24.92%。北京票房 36443 万元,占城市院线票房的 13.07%。同 2006 年相比,票房提高了 13.88%,但占全国城市院线票房的份额下降了 2.63%。上海票房 33029 万元,占城市院线票房的 11.85%,居第二位。广州、深圳、成都、武汉 4 座城市票房为 1 亿~2 亿元,票房合计为 58986 万元,占城市院线票房的 21.16%。其中,广州市院线票房 18161 万元,占城市院线票房的 6.51%;深圳为 15205 万元,占城市院线票房的 5.45%,是电影市场发展速度最快的城市。杭州、南京、重庆、大连、天津、哈尔滨 6 座城市票房在 4000 万~1 亿元,合计票房为 40029 万元,占全国城市院线票房的 14.36%(见表 6-1 和图 6-1)。

表 6-1   2007 年北京等 12 座城市电影市场一览表

城市	场次(千场)	人次(万人)	票房(万元)	占全国城市院线票房(%)	平均票价(元)	单银幕日产票房(元)
北京	343	1067	36443	13.07	34.15	3592
上海	289	1161	33029	11.85	28.45	4076
广州	279	627	18161	6.51	28.96	4443
深圳	107	365	15205	5.45	41.66	4901
成都	283	622	12904	4.63	20.75	1759
武汉	131	490	12716	4.56	25.95	3111
杭州	139	394	9816	3.52	24.91	3164

续表

城市	场次（千场）	人次（万人）	票房（万元）	占全国城市院线票房（%）	平均票价（元）	单银幕日产票房（元）
南京	80	317	7408	2.66	23.37	4318
重庆	111	247	6749	2.42	27.36	1929
大连	89	316	6710	2.41	21.23	3404
天津	69	178	4976	1.78	27.96	1948
哈尔滨	58	171	4360	1.56	25.50	2097
其他城市	1927	5445	110313	39.57		

资料来源：http://www.chinafilm.com.

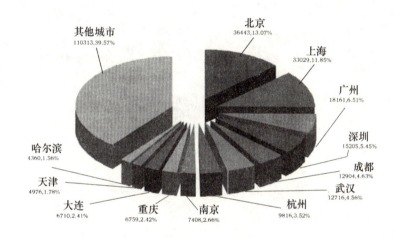

图 6-1　2007 年部分城市院线市场票房及市场份额

资料来源：http://www.chinafilm.com.

　　随着院线制改革不断深入，行业内外各类资本纷纷看好电影市场，城市影院建设如火如荼，标志着院线改革的发展模式已日趋成熟。至 2008 年底，全国院线公司范围内新增影院 118 家，总数达到 1545 家，比 2007 年增长 8.27%；新增银幕 570 块，平均每天增加 1.56 块银幕，全国银幕总数达到 4097 块，比 2007 年增长 16.16%。数据表明，影院和银幕数的增加，扩大了放映空间，院线的核心竞争实力得到增强。2008 年全国票房排名前十位的院线（简称"十大院线"）按照票房高低依次为：中影星美、万达院线、上海联合、中影南方新干线、北京新影联、广州金逸珠江、浙江时代、辽宁北方、四川太平洋和世纪环球院线。其中票房超过 5 亿元的有两条院线,分别是中影星美和万达院线,中影星美以 5.34 亿元的票房蝉联全国院线票房第一名,较 2007 年同比增长 46.8%,万达院线则从 2007 年的第五名上升至第二名(5.09 亿元),同比增长 56.6%。值得一提的是在 2007 年排名第十的世纪环球院线票房首次过亿,从而使中国十大院线首次全部迈入"亿元院线"的行列(见图 6-2、图 6-3)。

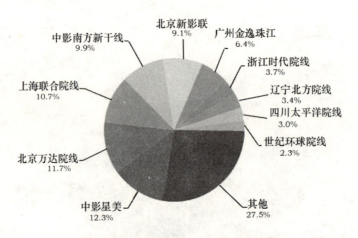

图 6-2   2008 年中国十大院线市场分额

资料来源:http://www.entgroup.cn.

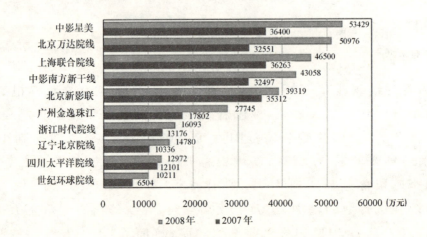

图 6-3   2007~2008 年票房增长情况

资料来源:http://www.entgroup.cn.

　　2009 年第一季度,中国电影产业继续 2008 年的发展趋势,加上有贺岁档影片的集中放映,整个电影市场高速增长。据艺恩统计数据显示,在 2009 年第一季度近 90 天的放映周期里,总计观影人次约 6012 万人,票房总计收入达 12.55 亿元,相比 2008 年第一季度的 8.5 亿元同比增长 47.6%,票房增长明显(见图 6-4、图 6-5)。

	2008年	2009年
观影人次（万人）	3392	6012
票房（万人）	85000	125500

图 6-4　2008～2009 年第一季度电影市场数据

资料来源:http//www. entgroup. cn.

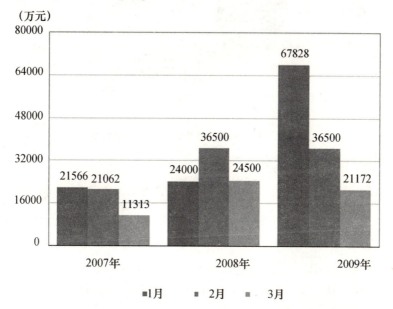

图 6-5　2007～2009 年第一季度全国月票房对比

资料来源:http//www. entgroup. cn.

　　2009 年第一季度,元旦周票房呈爆发式增长,与 2008 年元旦周相比,同比增长 76.3%,春节周同比增长 36.8%;而情人节周同比下降 11.6%。

在电影发行方面,2009 年第一季度的 3 个月中,21 家国有与民营发行公司参与了市场逐鹿。**市场格局呈现两家强势公司引领发行市场**:国有大型企业中影集团发行公司,在贺岁档期占有总票房 44% 的市场份额;民营影视及发行公司华谊兄弟占有总票房 20% 的市场份额。**两家发行公司合计占有第一季度总票房的 64% 的市场份额**(见图 6-6)。

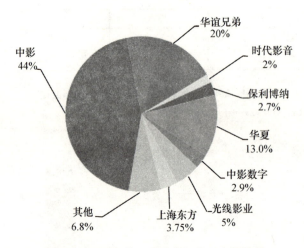

图 6-6   2009 年第一季度发行公司市场份额

资料来源:http://www.entgroup.cn。

在院线方面,2009 年第一季度,院线票房第一位万达院线的票房为 1.8 亿元,2008 年的票房为 1.05 亿元,同比增长 71.4%;第二位中影星美的票房是 1.63 亿元,2008 年的票房是 1.11 亿元,同比增长 46.8%(见图 6-7)。

2009 年第一季度全国院线票房占据第一位的是万达院线,而 2008 年全年和第一季度院线票房第一位一直是中影星美。这是首次有民营资本院线在单季度票房成绩超过国有资本控股的中影星美院线。而背后的原因是万达院线持续投入资本建设新影院,几年来保持着新建影院数和银幕数的高速增长。2008 年万达院线新增影院 16 家,银幕 133 块,截至年底总影院数 44 家,银幕数 309 块。虽然中影星美院线截至 2008 年底,影院总数 113 家,银幕总数达到 414 块,但因为很多影院历史比较悠久,没有全部进行现代化改造,在单银幕票房产出上和万达院线产生了差距(见图 6-8)。

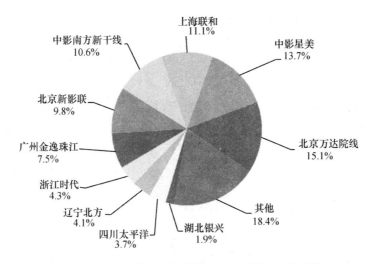

图6-7 2009年第一季度全国十大院线票房市场份额

资料来源：http://www.entgroup.cn.

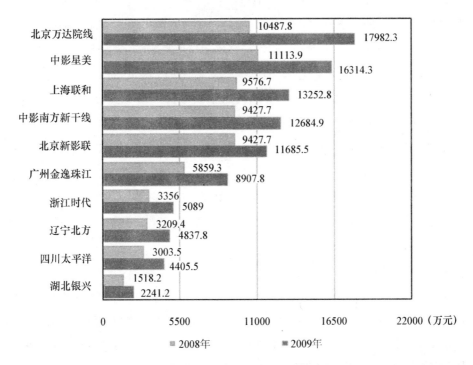

图6-8 2009年第一季度十大院线票房

资料来源：http://www.entgroup.cn.

（四）金融危机下的中国电影产业

史无前例的金融风暴袭来，离风暴中心咫尺之遥的好莱坞难免被波及，事实上金融风暴正在从根本上改变好莱坞电影融资的模式。四年前，电影公司和华尔街的银行开始了充满希望的、浪漫的合作之旅。机构投资者（如银行）可以采取资金组合的办法，资助电影制作及收购一些工作室的电影，而回报则是投资者可以分享电影工作室一般13％～18％的年收益率。但在过去的12个月里，随着金融危机蔓延，一些银行索性不再投资电影业，放弃了好莱坞。华尔街银行甚至对大导演也不再慷慨，斯皮尔伯格的梦工场就在等待印度娱乐巨头信实集团公司兑现其5亿美元的投资。和梦工厂"分手"后的电影巨头派拉蒙影业宣布已搁置了与德意志银行一项4.5亿美元的交易，此项交易可能为30部影片提供资金，其中包括定于2009年夏季上映的《变形金刚》续集。此外，公司决定将每年的电影产量从25部减少到20部。

金融危机的出现，让电影制片方有意识地提醒自己要放缓制片速度，华纳兄弟电影公司就将新电影《哈利·波特6》从原定的2008年11月份推迟到2009年夏季公映。而美国电影艺术与科学学院早已在2008年10月8日宣布，从2009年开始，奥斯卡颁奖礼播出期间将首次插播电影广告。而这一新举措就是为了减少金融风暴对其带来的冲击！

从2008年到2009年第一季度中国电影市场票房来看，金融危机并没有对中国电影产业造成很大冲击，相反，中国的电影市场逆势上扬，2009年第一季度票房远远超过金融危机爆发之前的2008年第一季度。究其原因可能在于以下三点：

1. 口红效应

20世纪20～30年代的美国经济危机中，人们的消费心理和行为都发生了转变，类似口红之类的消费成本不高、却可以带来特殊时期心理安慰的商品在市场上大受欢迎。与此同时，在几乎所有行业都沉寂趋冷的环境中，好莱坞电影却乘势腾飞，热闹的歌舞片大行其道，给观众带来欢乐和希望，还让卓别林和秀兰·邓波儿成为家喻户晓的明星。在近一个世纪后的今天,历史经验正在启示着中国电影产业在逆境中的发展机遇。

2. 需求转向

"从以往的经验来看,经济下滑和不稳定时期,人们的精神需求会提高,往往会出现社会文化需求的高峰期。"清华大学影视传播研究中心主任尹鸿说,"相对于购房、买车等大宗消费,人们更愿意花不多的钱在电影院中获得高品质的精神享受。"

3. 不受资本市场控制

有专家指出,与美国好莱坞相比,中国电影产业规模较小,结构原始,对资本市场的依赖较低,受金融危机的影响不大;内地电影观众人群相对高端,电影消费能力下降有限,而刚被释放的消费需求仍有扩展空间。

从市场份额来看,进口大片还是受到金融危机的一定影响,没有表现出原有的增长势头。相反,中国国产电影占据市场的大半江山。2008年国产影片的市场占有率大幅提高,超过总票房的60%,连续6年超过进口影片。其中,《非诚勿扰》票房3.25亿元,创造了近年来中国电影市场新高;《赤壁》(上)3.21亿元、《画皮》2.3亿元、《长江七号》2亿元、《功夫之王》1.88亿元,《梅兰芳》、《叶问》、《大灌篮》突破1亿元。除了数部国产商业大片市场一路走高外,一批风格各异的中等投资成本的商业影片也成为电影市场的热点,《命运呼叫转移》、《江山美人》、《见龙卸甲》、《十全九美》、《保持通话》、《剑蝶》、《桃花运》、《爱情左右》及动画片《风云决》等影片也取得了不俗的票房成绩,这些影片持续不断地制造电影市场热点,赢得了良好的口碑,使社会维持着对电影的高度关注。众多国产影片有力支撑了电影市场,创造了市场的繁荣与活跃,使国产影片以压倒性优势,超过了进口影片特别是美国影片在中国市场的份额。2009年第一季度延续了这一趋势,进口片票房远低于国产片。2007年第一季度上映的进口片票房为3.25亿元,票房份额为66.7%;2008年第一季度进口片票房为3.2亿元,票房份额为37.4%;2009年第一季度进口片票房为3.29亿,票房份额为26.2%(见图6-9)。

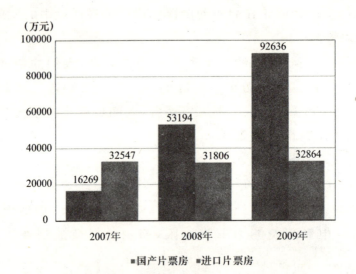

（万元）

图 6-9　2007～2009 年第一季度国产片与进口片票房对比

资料来源：http://www.entgroup.cn.

实际上，第一季度进口片票房收入从 2007 年至 2009 年变化不大。电影市场的总票房大幅度增长才是根本性原因，而总票房的增长是由国产片带来的。虽然市场总量在不断增大，但是进口片票房在总票房比例中持续大幅下降，从 2007 年的 66.7% 跌至 2009 年的 26.2%（见图 6-10）。2009 年的暑期档，中国电影市场有超过 10 部国产电影上映，再次掀起一股国产影片的浪潮。

（五）北京的电影消费者

中国电影产业发展到 2008 年，已经开始了新的纪元。为了对中国电影产业的发展有更进一步的认识，本书针对电影消费者的消费行为进行了一次实证研究，探讨电影消费者在电影院线选择、电影产品选择、观影行为等方面的特征，从消费者角度分析中国电影产业的未来发展趋势。

本实证研究属于探索性研究，因此没有提出假设。在对北京地区 100 位消费者进行前测之后，根据前测结果，设计出一份考查消费者观影行为的调查问卷。最终实测 400 人，其中有 200 位消费者为随机样本，另外

200 位消费者为选择特定电影院进行整群抽样。有效问卷为 377 份,有效回收率达 94%。

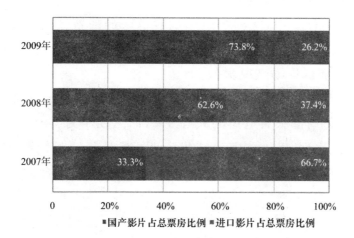

图 6-10 2007～2009 年第一季度国产、进口影片票房比例

资料来源:http://www.entgroup.cn.

前测分为消费者对电影院软硬件设施评价和观影一般行为考察两个部分。共抽取 100 位消费者进行调查,有效回收问卷共计 80 份。前测结果表明,消费者对所选择的电影院多持肯定态度,电影院的软硬件设备条件较好,能够满足消费者观影需要。对于消费者来讲,便利性是他们选择电影院的一个重要条件,价格偏高则是他们普遍反映的问题。根据前测结果,我们设计了一个更加完整的问卷,考察电影消费者在院线选择、观影时间、频率、偏好等方面的特征,结果反映了当前北京地区电影消费者的消费特征。

我们先对实测问卷中随机抽取的样本进行了分析,其中有效样本容量为 195,结果如下:

(1)在随机抽取的样本中,男女比例分别为 52.3% 和 47.7%,男性消费者偏多。年龄分布集中在 18～45 岁,共占整个样本的 84%,但 45 岁以上的消费者也占相当比例,达到 11%。其中,18～25 岁的消费者占绝对优势,达到 40.5%。职业分布方面呈现出比较均匀的分布,但学生和公务员教师群体人数居多,其次为自由职业者,而工薪技术人员与白领也占有相当比例,不过军人和高层管理者较少。在教育程度方面,大专以上学历者达到 86.7%,总体学历较高。收入方面则表现为中低收入者居多,收入在 3000 元以下的消费者占 66.7%。

(2)在随机样本中,选择到电影院看电影的消费者为 116 人,占样本的 59%,这些消费者中男性比例达到 58.6%,远超过女性。其他人口统计变量与整体随机样本情况类似。

(3)在选择去电影院看电影的消费者中,观影频率在一到两个月看一次的占 44%,每周都去看电影的只有 9%,而三四个月甚至半年才看一次电影的消费者达到 47%。这一结果说明,消费者的观影频率大约每年 2～6 次,这与每年上映数十部影片的放映频率是不相符合的,说明很多电影缺乏观众。

(4)在选择观影同伴方面,多数消费者选择与朋友或伴侣一起去看电影,这一比例达到 74%。说明电影是一种适合于结伴消费的产品,朋友或亲密伴侣的陪伴会让消费者更愿意到电影院看电影。

(5)在考察吸引消费者去电影院看电影的原因时我们发现,各种因素都会影响消费者的选择。但比较明显占优势的原因是消费者日常社交的需要(24%)和对观影效果的要求(22%)使得他们更愿意去影院观影。影片本身的号召力和明星效应也会吸引消费者,价格反而不是最主要的原因,打折、赠票等方式并不是吸引消费者去影院的首选因素。

(6)在影院的选择方面,消费者实际上并没有特别明确的要求。42%的消费者对于影院的选择是随机的,并不在乎影院大小和品牌。但是,也有相当多的消费者愿意去高档影院消费,这一部分消费者达到 35%。我们通过收入进行进一步分析发现,收入在 6000 元以上的消费者更偏好高档影院,其他收入的消费者则更多地选择无所谓。

(7)在观影时间方面,消费者多选择节假日去电影院看电影(46%)。平时观影者较少(7%),特定折扣日观影者也不多,只占 15%,其他人选择在任意时间观影。这一结果表明,影院的折扣日设计其实没有达到原有的目的,即便是收入较少的学生群体,他们也并不是很在意打对折这一优惠,而是选择在方便的时间去电影院看电影。

（8）在媒体选择方面，消费者获得电影院观影信息的来源主要来自网络（28％），同时报纸杂志上的介绍（27％）以及朋友的推荐（24％）也是消费者获得信息的来源，通过口碑传播，消费者获取有关影片的相应信息。

（9）在影片选择方面，消费者喜欢在电影院看剧情片和爱情片，这两类影片更容易让人感觉温馨和亲密，因此，也适合消费者与亲朋好友共同观看。但是，在不同等级的影院中，消费者在影片选择上还是存在一定差异。在高档影院，除剧情片之外，动作片更受欢迎，这与高档影院完美的观影效果密切相关。而在中小影院，除剧情片之外，紧随其后的是喜剧片和动画片，这与中小影院地处居民区附近有关，消费者更喜欢在家的附近观看让人开心的影片。

（10）在档期方面，消费者多选择贺岁档（38％），另有相当一部分人持无所谓的态度（37％），即看电影与档期无关。暑期档和情人节档人数偏少，分别占 10％和 8％，而去年新定的清明节假期也形成了清明档，选择在该档期看电影的消费者占 5％。

（11）在是否关注电影上映前的广告或首映式等信息这一问题上，去影院观影的消费者与不去影院观影的消费者存在明显差异。去影院观影的消费者中有 52.6％的人关注电影信息，而不去电影院的消费者则只有 35.4％的人关注电影信息。

（12）对于电影的周边产品，消费者多持否定态度。有超过 85％的消费者选择不常购买或根本不会购买。但对于收藏电影 DVD，去电影院看电影的消费者与不去电影院的消费者则存在显著差异。去电影院看电影的消费者愿意购买电影 DVD 等产品作为收藏的仅有 8.6％，而不去电影院看电影的消费者则有 25.3％的人喜欢并经常购买电影 DVD 作为收藏。

（13）对于电影产品本身来说，消费者对不同地区出品的电影喜爱程度不同。消费者最喜欢看的是香港电影，其次为美国电影。中国大陆出品的电影在各地区位列第三，日韩出品的电影由于与中国大陆文化相近，因此也有一些消费者喜欢。欧洲电影排在最后，这与近几年来世界电影工业的整体发展趋势是一致的。

随机样本数据显示了电影产业消费者的基本特征，在此基础上，我们对消费者还进行了更进一步的分层抽样,针对选择不同等级电影院进行消费的消费者进行调查,对比他们在行为和心理方面的差异。所选样本共 200份,有效样本 182 份,有效回收问卷达 91%。在整群抽样中,我们选择了北京市两家五星级影院(98)和三家三星级影院(84)进行调查,调查结果显示,消费者在观影频率、去电影院看电影的原因、观影时间、档期选择、是否关注宣传信息以及年龄和收入方面存在显著差异(见表 6-2~表 6-8)。

表 6-2　观影频率的差异

| | | 观 影 频 率 | | | | 总　计 |
		1.00	2.00	3.00	4.00	
不同类型	1.00	11	61	20	6	98
	2.00	19	33	15	17	84
总　计		30	94	35	23	182

表 6-3　去电影院原因的差异

| | | 去 电 影 院 原 因 | | | | | | | 总　计 |
		1.00	2.00	3.00	4.00	5.00	6.00	7.00	
不同类型	1.00	34	19	15	20	8	1	1	98
	2.00	17	5	15	15	28	4	0	84
总　计		51	24	30	35	36	5	1	182

表 6-4　观影时间的差异

| | | 观 影 时 间 | | | | 总　计 |
		1.00	2.00	3.00	4.00	
不同类型	1.00	6	12	35	45	98
	2.00	2	19	51	12	84
总　计		8	31	86	57	182

表 6-5　档期选择的差异

| | | 档 期 选 择 | | | | | | 总　计 |
		1.00	2.00	3.00	4.00	5.00	6.00	
不同类型	1.00	70	12	13	2	0	1	98
	2.00	31	13	8	24	6	2	84
总　计		101	25	21	26	6	3	182

表 6-6　对电影信息关注度的差异

		宣　传		总　计
		1.00	2.00	
不同类型	1.00	56	42	98
	2.00	62	22	84
总　计		118	64	182

表 6-7　职业差异

		职　业							总　计
		1.00	2.00	3.00	4.00	5.00	6.00	7.00	
不同类型	1.00	18	10	21	27	6	4	12	98
	2.00	36	9	11	16	2	1	9	84
总　计		54	19	32	43	8	5	21	182

表 6-8　收入差异

		收　入				总　计
		1.00	2.00	3.00	4.00	
不同类型	1.00	14	36	29	19	98
	2.00	35	15	26	8	84
总　计		49	51	55	27	182

从上述结果来看,消费者选择不同等级的影院作为观影场所是有一定差异的。到高档影院观影的消费者观影频率比较集中,能够达到每年3～6次;他们因为影片本身的号召力或打折赠票等促销因素更愿意选择去五星级影院看电影;对于观影时间则无所谓,随时都可以去;在档期选择方面也倾向于无所谓;在电影上映之前对于影片信息的关注度并不高;他们更愿意收藏电影DVD产品;这些消费者多属于白领或工薪、技术人员,收入偏高。而到中档影院观影的消费者其观影频率比较均衡,既有相当一部分人每周都去看电影,也有一部分人半年才看一次。他们去电影院看电影的主要原因是约会等日常社交的需要,对观影时间则更愿意选择节假日或周二(打折日)。在档期选择方面他们更愿意选择情人节或清明节此类节日去看电影,这与该类消费人群去影院看电影的原因是相匹配的,即在节假日与亲朋好友或情侣享受假日温馨约会。对于电影上映前的宣

传,此类消费者比较关注。此类消费者多属于学生群体,收入偏低。

　　在对职业进行具体分析时,我们发现,学生和白领是两个突出的群体。他们在观影频率、档期选择、电影信息关注度、周边产品展卖等方面都具有显著特性。他们的观影频率很高,更愿意选择贺岁档、暑期档和情人节档去看电影,高度关注电影放映前的信息,对影片内容及参演明星非常了解,也更愿意去购买电影的周边产品。

　　我们还对消费者经常去的电影院的软硬件设施满意度进行了评测,评测结果显示,消费者对于电影院的软硬件设施表示满意,平均分均达到4分以上。软硬件设施评价之间的相关程度显著,而且通过回归分析,我们可以得出它们之间的具体关系。

　　相关程度如表 6-9 所示。

表 6-9　影院设施满意度评价之间的相关性

Correlations

		音响效果	观影效果	舒适度	服务质量
音响效果	Pearson Correlation	1	0.476 **	0.439 **	0.407 **
	Sig. (2-tailed)	.	0.000	0.000	0.000
	N	182	182	182	182
观影效果	Pearson Correlation	0.476 **	1	0.591 **	0.545 **
	Sig. (2-tailed)	0.000	.	0.000	0.000
	N	182	182	182	182
舒适度	Pearson Correlation	0.439 **	0.591 **	1	0.538 **
	Sig. (2-tailed)	0.000	0.000	.	0.000
	N	182	182	182	182
服务质量	Pearson Correlation	0.407 **	0.545 **	0.538 **	1
	Sig. (2-tailed)	0.000	0.000	0.000	.
	N	182	182	182	182

注:** . Correlation is significant at the 0.01 level (2-tailed).

　　回归分析结果显示,消费者对影院舒适度的评价受到他们对影院的音响效果和观影效果的评价的影响,而服务质量则由环境舒适度与观影效果直接作用(见表 6-10、表 6-11),其所揭示的访查分别为 38.1% 和 36.9%。

表 6-10　舒适度与观影效果及音响效果的回归

Coefficientsª

Model		Unstandardized Coefficients		Standardized Coefficients	t	Sig.
		B	Std. Error	Beta		
1	(Constant)	1.626	0.250		6.500	0.000
	观影效果	0.589	0.060	0.591	9.835	0.000
2	(Constant)	1.209	0.281		4.308	0.000
	观影效果	0.493	0.067	0.495	7.398	0.000
	音响效果	0.196	0.064	0.203	3.039	0.003

注：a. Dependent Variable：舒适度。

表 6-11　服务质量与观影效果及舒适度的回归

Coefficientsª

Model		Unstandardized Coefficients		Standardized Coefficients	t	Sig.
		B	Std. Error	Beta		
1	(Constant)	1.405	0.294		4.776	0.000
	观影效果	0.615	0.070	0.545	8.731	0.000
2	(Constant)	0.795	0.311		2.558	0.011
	观影效果	0.394	0.083	0.349	4.746	0.000
	舒适度	0.375	0.083	0.332	4.505	0.000

注：a. Dependent Variable：服务质量。

（六）结论

金融危机对各行各业的影响不尽相同，一些产业面临着衰退、重组、整合；另一些产业则焕发生机，异军突起。全球金融危机对电影产业的影响是显而易见的，尤其在欧美发达国家，虽然人们愿意在压力下享受电影产品带来的精神放松，但是，人们更要看紧荷包，维持生活水准不会降太低。因此，在好莱坞和欧洲都出现了电影推迟放映、制片公司经费紧张等情况，在票房方面也受到一定影响。但是，在中国却出现了另一番景象。金融危机对于中国电影产业甚至可以说是一个机会，一个让国产电影打败进口大片的机会，事实也正如此。从 2008 年到 2009 年第二季度，中国电影产业以前所未有的速度发展着，票房、各种类型的电影产品、电影节，各个方面都展现出中国电影产业的强劲势头，而中国电影的消费者也以他们足够的热情支持着电影产业的发展。对于中国电影产业的制作方、发行方来讲，他们需要更进一步了解消费者的不同需求以及消费习惯,更有针对性地制作符合中国消费者需求的产品。

四、北京市动漫产业的消费者状况

(一) 动漫产业

1．动漫产业概念

动漫产业,是指以"创意"为核心,以动画、漫画为表现形式,包括动漫图书、报刊、电影、电视、音像制品、舞台剧和基于现代信息传播技术手段的动漫新品种等动漫直接产品的开发、生产、出版、播出、演出和销售,以及与动漫形象有关的服装、玩具、电子游戏等衍生产品的生产和经营的产业。动漫产业是现代服务业中发展迅速的一个产业,属于数字内容产业以及文化创意产业,并属于绿色产业,不消耗能源。由于其广泛的发展前景,动漫产业被称为"永远的朝阳产业"。

2．动漫产业发展概况

动漫产业是现代服务业中发展迅速的一个产业,目前全世界都在飞速发展,各国对动漫产业也都持支持态度,将其作为新兴的国民经济支柱产业加以扶持。在日本,动漫产业已经成为其经济的支柱产业之一,位居日本产业第二位;动漫产业在美国产业排名第六;在韩国为第四,目前全球动漫产业的产值已达到了 2000 亿～5000 亿美元。在我国,动漫产业正在蓬勃兴起。北京、杭州、广州、深圳、成都、湖南等省市纷纷设计具有自身特色的动漫产业发展路线。而北京作为全国的文化中心,在中国动漫产业方面更是具有五大优势(文化优势、市场优势、科技教育人才优势、传播渠道优势、奥运和体制改革创新优势)。2007 年,北京召开了国际文化创意产业博览会动漫游戏产业发展论坛,对动漫产业的国际发展情况以及当前我国动漫产业的发展状况进行了深入研讨。

近年来动漫产业在中国发展迅速,据数字显示,中国每年动漫产业总产值已经突破 180 亿元人民币。尤其在目前国家大力重视、支持动漫产业发展的背景下,中国动漫产业产量更是以每年70%以上的速度增长。随着由北京电视台、北京卡酷动画卫视打造的《福娃奥运漫游记》获得的巨大社会影响,以及福娃带来的巨大经济价值,中国动漫产业更是迈向了一个新的台阶。

中国有广阔的动漫市场,各地动漫产业发展计划的制订更是如火如荼,纷纷打造自己的"动漫之都"。北京开始着力打造国际一流的动漫产业中心;上海、广州、福州已初步形成以网络游戏、动画、手机游戏、单机游戏和与游戏相关的产业链。这一切都直接导致了国产动漫市场的上位。

就动画来说,2008年度,中国动画制作机构自主生产的动画片数量大幅提高。2008年全国制作完成的国产电视动画片共249部131042分钟,比2007年增长28%。全国共有20个省份以及中央电视台生产制作了国产电视动画完成片。其中,全国动画片创作生产数量排在前五位的省市是湖南省、江苏省、浙江省、广东省、北京市。2008年,国务院以及各地政府出台的国产动漫产业优惠扶持政策收效显著,一些主要城市动画片生产积极性持续增长。国产动画片创作生产数量位居前列的十大城市分别是:长沙、杭州、广州、无锡、北京、上海、南京、常州、西安、重庆。2009年春节期间,国产原创动画片《喜羊羊与灰太狼之牛气冲天》首映日票房就达800万元,首周末一举突破3000万元,不仅刷新了国产动画电影的票房纪录,也远远超过了2008年的《功夫熊猫》。一部国产动画影片能够取得如此骄人的成绩,让中国动漫界人士深感扬眉吐气。

与数字意义上的行业繁荣相对应的是名目繁多的动漫节、动漫展、动漫赛事在2007年的活跃。几乎每个月都会举办,地点除了杭州、广州、上海、香港、北京这些发展动漫产业较早的城市,合肥、武汉、宁波这样的动漫产业新兴城市也逐渐加入。展出内容上,也更加注重质量和内容,不再是"COSPLAY+周边商品贩卖"的简单集合,从广度和深度两方面都达到了一个高峰。

动漫产品本身有巨大的市场空间,而动漫产品的衍生产品市场空间更大。中国儿童食品每年的销售额为人民币350亿元左右,玩具每年的销售额为人民币200亿元左右,儿童服装每年的销售额达900亿元以上,儿童音像制品和各类儿童出版物每年的销售额达人民币 100 亿元。在某种程度上，这些行业今后的发展与行销都有赖于动漫这一新兴产业的带动作用，以此类推中国动漫产业将拥有超千亿元产值的巨大发展空间。

（二）世界及中国动漫产业发展状况

动画片，伴随着我们长大，儿时曾带给我们无与伦比的认知、体验以及潜移默化的影响。然而当长大后我发现它并不仅仅是"小孩子的玩具"，动画产业的崛起和衍生越来越广泛地影响不同年龄阶段、不同地域文化的人们，并逐渐创造着巨大的经济利益。而现如今我们正身处一场波及行业无数的经济危机之中，动画产业是否还能不断地发展媒介产品的市场、吸引更广阔的受众呢？

我们可以注意到对一些国家动画产业而言，有几个急剧发展的黄金时期，譬如经济危机时期的美国，战后经济复苏至经济腾飞时期的日本，从战后兴建到改革开放时期的中国，经济滞胀状态下的美国，经济动荡时期的日本等，当然和电影等文化创意产业一样，它们伴随着世界政治经济文化的波澜不定，内容和形式都在深受社会环境的影响，不仅如此，科技发展也推动着行业竞争，当数字产业兴起并开始探索、立体电影时代到来——新一轮的"乱世出英雄"开始了角逐。

1. 欧洲

"动漫"一词在西方称作"卡通"（cartoon），其作为一种艺术形式最早起源于欧洲，伴随着文艺复兴运动而兴起，起初的内容多与政治有关，阅读对象早期主要是以成年人为主。随着报刊业的繁荣，在 17 世纪的荷兰，画家的笔下首次出现了含卡通夸张意味的素描图轴。1841 年著名的《笨拙》首次将幽默讽刺画正式命名为"卡通"。第二次世界大战前后，卡通创作的中心逐渐转移到了美国。

1895 年现代电影诞生后，由于动画片高昂的制作成本，十年后第一部动画电影《滑稽脸的幽默相》才问世——来自法国的埃米尔·科尔（Emile Cohl）因对动画发展的杰出贡献，被奉为当代动画片之父。由于欧洲的动画家们执著于试验与艺术化的道路，而动画是需要高投入的文化产品，20

世纪 30 年代后在美国动画片大举进入下,欧洲动画业逐步衰败。第二次世界大战后,许多国家的政府都把动画片作为战争动员和宣传的重要手段,开始出现了以政府投资来扶植本国动画业发展的局面。第二次世界大战后,动画片依然是一种重要的宣传媒介,被运用在公众关系、企业广告、文化教育,乃至政治竞选等方面。这使得欧洲的动画产业找到了新的发展支点。

2. 美国

在 20 世纪上半叶,美国卡通艺术的发展水平开始居于世界的领先地位。1840 年诞生了单页画报卡通作品。1895 年著名漫画家奥特考特创作的系列连环画漫画《黄孩子》后,商人们开发了大量有关“黄孩子”的周边产品,其中包括玩具、塑像、广告招贴等,为动漫商业化运作提供了经典范式。在整个 20 世纪初,卡通漫画始终在寻找与美国文化的交汇点。在这个过程中,产生了许多优秀的作品和令人难忘的卡通形象。不过,直到 30 年代初,美国卡通漫画的黄金时代才真的来临。

1929 年拉开了美国经济有史以来最严重的大萧条和大危机的序幕。此后的三年多时间里,美国经济不断恶化。与其他行业遭遇的寒冬不同,经济不景气带来的闲暇时光和低落情绪催生了人们逃避现实的需要,也造就了美国众多影业公司的诞生与辉煌。综观全球,当世界其他各地区的“动画”仍处于起步或实验阶段的时候,美国的动画产业却已在经济大萧条的惊涛骇浪中走向了“黄金时代”。曾经只是银幕配角的动画片也正是在这一时期迅速成长为一种重要的电影艺术形式,有生动画和彩色动画技术的诞生将动画产业推向一波高潮,并随之开创了动画商业化的先河。其中迪斯尼公司在 20 世纪 40 年代初确立了卡通帝国的霸主地位,并带动了美国整个动画界的发展,使好莱坞成为全美乃至全世界动画业的中心。

在这个特殊的历史阶段之后,漫画进入低潮——20 世纪 50 年代后,美国动漫产业开始复苏,在科技与经济实力的长足发展伴随之下诞生了一系列新作品,迅速在世界范围内确立了传播与消费的霸主地位。到了 20 世纪末,随着计算机多媒体技术的兴起,诞生了全部采用数字技术制作的动画片,引发了电影"剧场传统"的回归。

总而言之,大而全的集团垄断原创发展模式使美国成为动画产业的发源地,从 20 世纪初动画电影在美国面世,到形成产业,至 20 世纪 50～60 年代进入繁荣时期,这一时期也正是美国经济进入工业化时期,美国动漫产业在 80 多年的发展中,依托发达的经济力量、雄厚的创作和技术力量、完备的市场化组织力量,始终处于世界领先地位和强势发展势头,美国动漫产业的出口仅次于计算机产业,产值达 2000 多亿美元。

美国动漫产业在发展中形成了迪斯尼、皮克思、时代华纳、梦工厂等几大动漫垄断企业集团。这些集团对动漫产品进行大投入、大制作、大产出、大运作,形成了进行独立开发和市场独立运营,比较单一的原创产业结构,国内外并举的市场结构,其产品处于向国际社会强势输出地位,并主导国际动漫产业的发展。美国媒体的私有化为这几大集团把动画片的创作、生产和销售融为一体提供了可能。他们依靠其把控的电视、电影、报刊和衍生品销售等资源和渠道,以国内外两个市场为目标,进行整体和全方位运作,使动画片能够获得最大限度和持久的市场利益,为动漫产业的良性发展提供了巨大的市场和资金支撑。此外,美国将大量的中低档次的动画制作和衍生品设计和生产发包给其他国家,降低了成本,同时还承接世界上三维动画高水平制作的服务外包。

3. 日本

回溯日本 90 年的动漫发展,追溯第二次世界大战后随着欧美动漫的传入,日本一些漫画家开始有意识地对卡通这一文化工业的产物进行研究,对欧美的动画经验进行学习,并以日本人特有的"拿来主义"的方式将其改造为自己的"特产"。"日本漫画之父"手冢治虫的《新宝岛》标志着日本新动漫开始起步。1952 年其作品《铁臂阿童木》正式连载,很快引起了轰动,并且在日本、中国、东亚和欧美都具有广泛影响。它不仅受到孩子们的喜爱,还改变了人们对动漫的偏见,在日本开始被广泛地接受。

1958 年东映动画制作并公映了第一部彩色动画电影《白蛇传》,故事以我国家喻户晓的民间传说为蓝本,当时在日本本土和海外都得到很好的评价。20 世纪 60 年代后的一系列优秀作品都对后来的日本动画的发展做出很大贡献。由于 20 世纪 60 年代日本动漫制作模式和发展方向的确立,70 年代以后,日本动漫进入了一个发展时期。大批技术成熟、构思精湛的漫画家涌现出来,动漫创作题材也得到了空前的开发。这一时期所掀起的动画热潮和人气,对今天的动漫产业仍然有巨大的影响。藤子不二雄的《机器猫》是这一时期最著名的作品之一。

20 世纪 70 年代世界经济的复苏,使日本的工业得到了异常迅猛的发展。日本在经济飞跃的同时,少年读者的精神生活需求得以剧增。另外,录像机的普及也使得 OVA(原创录像动画)制作量增加,动漫的覆盖面因为这一技术的进步得到巨大推动。从工作环境上讲,动漫从业人员的创作条件和空间也有巨大的飞跃。而 20 世纪六七十年代以来持续不衰的动漫热潮,也在日本国内形成了一个固定的、庞大的消费市场。这一切,无不促使日本动漫由稳步发展走向彻底的成熟。

20 世纪 80 年代至今的日本卡通,当以 80 年代的作品为重心,因为 90 年代到现在具有影响力的作品,基本上都是从 80 年代就开始创作的那些鸿篇巨制的延续。其中宫崎骏(Ghibli)是手冢治虫之后最重要的一位漫画家,他的作品摒弃了漫画的商业性,将漫画的艺术性推向了极致,是日本漫画史上第一位将动画上升到人文高度的思想者,同时也是日本三代动画家中承前启后的精神支柱。他的作品传达思考者对人生、对世界的认识;两人在具有高度内省意识、不断否定自身思想的同时,又坚持以本国文化为作品精神内核。虽然他的作品是面向儿童的,但大人们看了也同样深受感动,这显示了作品高度的艺术性。鸟山明则是八九十年代日本商业动漫的扛鼎人物,对中国卡通产生了巨大的影响。譬如其作品《龙珠》也是推动我国漫画发展最重要的一部作品,目前漫画界还没有一部作品能出其右。

20 世纪八九十年代,故事题材的多元化、商业上的屡屡成功、OVA(原创录像动画)的批量生产,使适应各类层面观众的市场发展成熟起来。日本漫画也由从前少年漫画和少女漫画的简单分类中发展出更为细致与多元化的类别。90 年代后期,一味地追求商业上的成功和最大限度地榨取剩余价值,使几乎所有获得成功的作品都无一幸免地被倾销般推向市场,也使雷同化题材不厌其烦地在每个能赚取少年金钱的领域出现。

伴随着日本经济开始腾飞,动漫产业原创也得到了迅速发展,并逐渐成了动漫大国强国,世界市场的 65%、欧洲动漫产品 80% 来自于日本,销往美国的动漫产品是其钢铁出口的 4 倍,广义的动漫产业实际上已超过了汽车产业。但日本仍然是国际上高水平动画外包的承包国。然而过度商业化的倾向和电子游戏的冲击也是日本卡通 20 世纪 90 年代后趋向疲软的原因。

今天,人类对自身的思考也在逐渐深刻,而同时日本的动画也开始越来越关注贴近现实与心理方面的剖析,由原本普遍爱与友情的主题转为更加人性的刻画。各方面都日臻完美的日本动画并没有停止发展的脚步,仍然在不断自我完善和突破。

4. 韩国

20 世纪 80 年代,韩国开始发展动漫产业。他们承接了日本动画的制作、加工、转移,从简单的上色到后来承接整套工程,在外包中积累了动漫制作技术,成为世界上最大的动画加工厂。90 年代后期至今,韩国经济崛起,韩国动漫原创迅速发展,成为第三大动漫产业国。

韩国动漫产业是在承接日本动漫产业服务外包基础上发展起来的,但是,韩国动漫产业在发展中原创逐步形成了本民族的创作风格。韩国动漫虽然分镜风格上还带有浓烈的日式痕迹,但激越的笔调多少透露出这个民族的精神气质来。由于韩国国内市场容量小,动漫产业发展只能在国际市场寻找空间,把国际市场作为产业发展的主要目标,同时为了获取资金和技术,承接外包仍然是其产业发展的主要支撑。

韩国动漫插画作者们十分团结。韩国文化界推动动漫产业以十几位大师为顶点,带动一批学生助手,再发展一大群动漫新人,以点带面地将整个国家的人才汇聚到一起,形成一个资金、人才、技术高效配置的大圈子。这是韩国动漫发展的人才基础。

总而言之,韩国动漫以原创为重点,以服务外包为主的产业结构,以国际市场为主要目标的市场结构。

5. 中国

中国现代动漫的起源于 20 世纪初,至今已有 80 多年的历史。

早在 1925 年,上海世界书局就率先出版系到"连环图画"。20 世纪 20 年代到 60 年代的 40 年时间里,我国出现了一批制作认真、有突出的中国传统特色的优秀动漫作品。万氏兄弟于 1926 年在上海制作的动画短片《大闹画室》被公认为中国动漫的开山之作。1935 年我国第一部有声动画《骆驼献舞》上映。1941 年中国第一部动画长片《铁扇公主》在亚洲甚至世界都产生了影响。1957 年中国成立了一个专业的动画电影制片厂——上海美术电影制片厂,万氏兄弟也在其中。该厂于 1961 年出品的国画短片《小蝌蚪找妈妈》在国际各大电影节屡获大奖。同年的作品《大闹天宫》被誉为中国动画史和万氏兄弟的巅峰之作,在国内国际都享有很高的声誉。《大闹天宫》和《小蝌蚪找妈妈》代表了这一时代中国动漫的特点:在表现中融合各种中国传统因素;在技术上尝试各种传统艺术形式;在动画里吸收了传说、神话、典故等多种内容;在动画制作上特别是在画面、配音、配乐等方面很是精细,属于老少皆宜的作品居多。

1966～1976 年是中国动漫发展断层的十年。1976 年后,特别是改革开放后,电视业迅速发展,一些国内动画片在电视上放映,一批定位于儿童的动画作品广为流行,改变了中国十年基本没有动漫作品的局面。这一时期的动漫作品主要有《哪吒闹海》、《黑猫警长》、《葫芦兄弟》和《葫芦小金刚》等。尽管这些作品影响很大,数量也不少,但是由于当时动漫作品一般篇幅较短,在生产数量上还远远不能适应电视的需求量。另外,这一时期的动画作品创新元素较少,配乐也比较粗糙。

20 世纪 90 年代,我国动漫产业与国际各国的交流增多。在技术方面,我国动漫由手工绘制方式转变为数字生产。在从业人员方面,各种专业和多能人才进入动漫行业。在这一时期,荧幕上出现了以《蓝皮鼠与大脸猫》、《海尔兄弟》为代表的动画作品,受到观众的广泛好评。与此同时,1993 年《画书大王》创刊使动漫刊物正式登场。1995 年 5 月我国启动中国动画"5155"工程,特批了 5 本动画、漫画刊物,标志着中国动漫进入了新的阶段。

20 世纪 90 年代末至今,我国动漫又有了新的发展。中国动漫坚定地走产业化道路。多种多样的融资手段以及政府政策的支持降低了投资方的风险,从而使中国动漫产业拥有了更雄厚的资金支持。中国动漫吸收国外的制作方法与经验并结合自身特色进行着各种尝试。大型动画《宝莲灯》、大型长篇动画《西游记》可谓这一阶段的成功之作。由广东原创动力文化传播有限公司出品的国产原创系列电视动画片《喜羊羊与灰太狼》自 2005 年 6 月推出后,陆续在全国近 50 家电视台热播,几年来长盛不衰,最高收视率高达 17.3%,大大超过了同时段播出的境外动画片。此外,该片在中国香港、中国台湾、东南亚等国家和地区也风靡一时。

中国动漫曾无比地辉煌过。中国动漫曾经发挥自身优势,在本土文化的基础上走出了一条独特的道路。为了中国动漫的未来,动漫从业人员应总结中国动漫的不足之处,找到一条新的可行的发展道路。

(三)北京动漫市场和消费者分析

1. 北京动漫市场分析

据中国电子信息产业发展研究院、赛迪顾问股份有限公司联合公布的一项最新专项调查显示,2007 年北京市动漫运营收入突破 10 亿元大关,一些网站和网游公司年收入均超过 1 亿元。北京市已位于全国动漫游戏产业中的第一阵营之中。其中北京的漫画图书报刊出版居于领先位置,动画片生产制作北京位居第六位。在 2007 年北京市 10.1 亿元动漫运营收入中,动漫形象授权收入为 5.1 亿元,动画影视收入为 1.8 亿元,漫画、图书、报刊收入为 2.4 亿元,动漫舞台剧等新兴动漫产品收入也将近 1 亿元。动漫游戏产业作为北京市文化创意产业发展的八大重点行业之一,从 2006 年开始与其他七个行业分享北京市政府每年 5 亿元的文化创意产业专项扶持资金。

(1)企业数目。

1)动漫游戏企业:2007 年北京市网络游戏市场规模达到 20.7 亿元,同比 2006 年增长 292.0%;从事网络游戏的企业达到 41 家,占全国的 32.1%,比上海多 15 家,其中规模上亿的企业数量达到 6 家。其中金山、完美时空、搜狐、联众、目标及中华网等企业年收入均超过 1 亿元,提前完成了《北京市"十一五"时期文化创意产业发展规划》中"到 2010 年,培育 5

家年产值过亿元的大型动漫游戏企业,推动 2 至 3 家企业上市"的目标。

2)动画制作公司:2008 年北京市电视动画片产量再创新高。全年生产动画片总计 12 部 435 集 7380 分钟,与 2007 年 3143 分钟的产量相比翻了一番。动画制作公司和制作企业已达 100 多家,并在全市设立了 21 个文化创意产业集聚区,大力发展动画产业。

(2)动漫产业发展路线。

2007 年北京召开了国际文化创意产业博览会动漫游戏产业发展论坛,对动漫产业的国际发展情况以及当前我国动漫产业的发展状况进行了深入的研讨。北京作为全国的文化中心,在中国动漫产业方面具有五大优势(文化优势、市场优势、科技教育人才优势、传播渠道优势、奥运和体制改革创新优势),借此北京设计了具有自身特色的动漫产业发展路线。即在未来几年当中,北京的动漫游戏产业发展仍然要两条腿走路,一条腿就是进一步发挥动漫元素的活力,另一条腿就是比较传统的、创精品品牌、拓展国内外的市场。

(3)发展区域和模式。

据北京市新闻出版局相关负责人介绍,北京市涌现出了一批在全国具有较大影响的动漫游戏企业,形成了 6 个动漫游戏产业集聚区,分别是中关村创意产业先导基地、德胜园工业设计创意产业基地、北京数字娱乐示范基地、国家新媒体产业基地、朝阳大山子艺术中心和东城区文化产业园,并初步形成了包含创作、出版、运营、发行较为完整的产业链。相对国内其他省区,北京动漫游戏产业总体规模还比较小。

(4)从业人员状况。

在 6 个园区中,人才的结构性短缺普遍存在。北京的动漫行业缺少三类人才。一是缺少高端原创人才,企业内部多数人才(78%)属于复制型或模仿型。这种人才结构导致原创产品很少,企业核心竞争力不足。二是缺少管理人才,与传统企业相比,动漫游戏企业具有创新性、高增值性和高风险性等特点,创意人才具有较强的工作独立性,创意工作过程难以监督。这些工作特点给传统的管理理念与管理方式带来挑战。三是缺少经营人才,实践证明,创意人才往往在市场经营才能上有所欠缺。市场对将创意"产业化"及"市场化"的经营人才非常欠缺。

(5)未来市场情况。

美国引发的全球金融危机对各行业造成了非常严重的影响,而创意产业却逆势而动,呈现出一片繁荣的景象。预计仅北京地区 2009～2013 年 5 年内动漫市场将保持每年至少 50％的增长率,全国 250 亿美元(约合人民币 1700 亿元)的总体市场规模,市场蛋糕巨大。

从目前北京市动漫产业的实际发展情况来看,尽管整个产业发展迅速,但由于整个中国的动漫产业处于初始发展阶段,产业结构特征不明确、产业核心竞争力缺乏等问题在短期内凸显出来,还有许多问题处于概念炒作和框架虚设的状况之下。

2. 北京消费者分析

我们通过建立消费者行为模型,来找出影响消费者行为的内在因素(见图 6-11)。图中方块中的东西是隐藏的,需要我们去分析研究找出消费者的个性特征和他们的消费决策过程是什么样的。影响因素主要有以下几种:

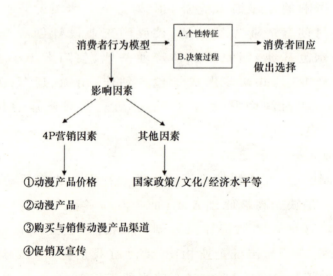

图 6-11　消费者行为模型

4P 营销因素：

（1）动漫产品价格。

受调查消费者购买过的动漫产品消费费用总额集中在 100～999 元。

（2）动漫产品。

1）现有的动漫产品种类很多，可以迎合各种不同类型的消费者。其中受调查消费者最喜欢的动漫产品类型是：动画片、动画电影、漫画书。对这三种动漫产品的喜爱是不会受到年龄、性别的影响的。

2）受调查消费者购买最多的动漫产品前三位分别是：CD/DVD 光碟、装饰品、漫画书。女生购买 CD/DVD 光碟的可能性会比男生高，而且女生比男生更爱消费与动漫有关的装饰品（如挂件、模型、贴画）。对漫画书的喜爱则不受性别的影响，购买漫画书的男女比例差不多。

3）相比较而言受调查消费者购买动漫产品中，中国动漫产品所占整体的比重很小，境外动漫产品（日本、美国、韩国）占据了我国巨大的消费市场，严重挤压了国内动漫产业的发展空间。同时一项调查也显示，目前我国未成年人喜欢的动漫作品中，日本动漫作品占 60%，欧美动漫作品占 29%，大陆及港、澳、台地区的动漫作品仅占 11%。

（3）购买与销售动漫产品渠道。

现有的动漫购买与销售渠道有动漫小店、动漫城、动漫街、动漫展览、报刊亭、网络。其中受调查消费者购买动漫产品的最主要渠道是动漫小店，小店产品的性价比较高，种类比较多样，其中不乏原版的动漫产品。

（4）促销及宣传。

1）消费者获得最新的动漫信息的渠道有电视、网络、动漫店、朋友推荐相关论坛、报纸杂志或宣传品。

2）在 19～22 岁这个年龄层的消费者获得最新的动漫信息的渠道主要是靠同学朋友推荐和网络，这是两个不容小视的传播渠道。

（5）其他因素：人口和年龄。

摩根斯坦利研究部的资料显示，在我国的 13 亿人口中，30 岁以下的人口数量占总人口的 40% 左右，而这部分人口大多是中国的独生子女，购买力不可小觑。其中 18 岁以下未成年人达 3.67 亿元，动漫产品的直接消费者约有 5 亿人,我国已成为全球最大的动漫消费市场。

(6) 决策过程。

1) 消费者喜欢那些能够跟自身产生很大共鸣感的动漫角色和动漫故事,当观众对内容有良好体验时,就会自然而然地喜欢故事里的角色,并希望可以购买一些带有这些形象的商品。公司就可以根据消费者喜爱的娱乐内容制定策略去吸引大部分消费者。即先创造能够跟观众产生很大共鸣感的动漫角色和动漫故事,随后在 DVD、手机等所有其他平台继续寻找消费者喜爱的这一类的娱乐产品。再后来,组织舞台剧等现场演出,让他们在其中体验快乐,将娱乐体验循环发挥到最大作用。

2) 在我们所做的问卷调查中显示:消费者在购买动漫相关产品时还是比较理智的。在实物方面:产品做工、质量与实用性是消费者评价对所购买动漫产品的喜爱程度的重要考虑因素。

(四) 北京动漫产业消费者深度访谈

根据北京市动漫产业的发展现状,我们细分市场(动画市场、漫画市场、手机动漫市场、网络动漫市场、动漫衍生品市场)从多方面对消费者进行了调研,并针对典型、重点,20 位资深的动漫产业消费者采用询问法、深度采访法进行深度访谈,收集了大量的真实的第一手数据资料,了解他们对北京动漫产业有什么看法,并对这些资料进行深入分析,得出如下结果:

1. 消费者对动漫产业的认知

就对动漫产品及各国动漫产业的认知来看,受访者对动漫的认识有一定的差异。有些人认为动漫是一种文化,有些人认为动漫使用动画的方式讲故事,是与电影和电视、游戏等平行的产品。不过他们都赞成动漫产品包括主体产品和周边产品两大类。

大多数受访者从小就接触动漫产品。他们了解动漫产业是从动画片开始的,而购买的动漫衍生品则是以动漫玩具和动漫形象玩偶为主。在这些受访者的心中,国产经典动画的形象根深蒂固,如《大闹天宫》、《哪吒闹海》、《西游记》、《葫芦娃》、《雪孩子》、《神笔马良》、《天书奇谈》、《阿凡提的故事》等。这些经典动画形象多以中国古代传说和民间故事为依据,既包括二维动画,又包括木偶动画和剪纸动画。早期的国产动画故事性极强、色彩艳丽、制作精美,深得消费者喜爱。但是,随着日本和欧美动漫产品进入大陆市场,国产动漫产业迅速萎缩。

同国产动漫相比,日本动漫产业很发达,包括动画产品、漫画产品及其周边。动画和漫画相辅相成、互为依托,成为完整的产业链。日本动漫形象很多,目标市场也很明确。其动漫产品包括少女漫画、儿童动漫以及成人动漫等全系产品,其经典动漫形象有在中国家喻户晓的机器猫(哆啦A梦)和柯南;早期的阿童木、花仙子;20世纪90年代的圣斗士、灌篮高手(流川枫与樱木花道);2000年左右的浪客剑心以及近期的死亡笔记等。日本动漫改编的电影产品已吸引了相当多的成年观众,如由宫崎骏漫画改编的电影《千与千寻》《幽灵公主》《哈尔的移动城堡》等,这些电影在国际上获得了非常高的荣誉,也赢得了全世界电影爱好者的赞扬。

同日本动漫产业不同,欧美的动漫产品更偏重于电影产品的制作及其周边产品的开发。如迪斯尼自20世纪30年代开始拍摄了《狮子王》、《埃及王子》、《阿拉丁》、《白雪公主》等100多部经典动画电影,而华纳公司也出品了如《查理的巧克力工厂》、《猫狗大战》、《忍者神龟》等动画大片。除此以外,迪斯尼公司还拥有遍布世界的迪斯尼主题乐园,吸引了全球数以亿计的观众和消费者前去体验。

2. 消费者对动漫产品的偏好原因及行为特征

受访者对动漫产品的喜爱有很多原因,可以归纳为以下四种:

(1)休闲娱乐。有5位受访者谈到看动画或漫画是因为可以丰富课余生活。相当多的动漫作品中人物设计得很好看、画面感好、音乐好听、有华丽的大场面,可以得到轻松的享受。

(2)结交朋友。有4位受访者谈到喜欢动漫是一种趋势,是时尚的表现,通过动漫论坛或动漫展览可以结交到志同道合的朋友。

(3)精神需求。有7位受访者认为动漫产品能够给人带来愉悦,是一种文化,可以宣泄感情,给人带来视觉上和精神上的冲击,因此,可以满足人们的精神需求。

(4)体验人生。有4位受访者认为看动漫可以体验不同的人生。在现实社会中无法实现的理想可以在动漫中通过动漫形象来实现,好的动漫可以给人带来希望,让人进取,促人团结奋进。

从对动漫产品的消费行为分析可以看出,多数受访者购买过动漫产品及其周边产品,特别是玩偶、模型和饰品的购买率较高。对动漫主体产品——漫画书或动画 DVD 的购买则呈现出一定的理性消费特点。多数消费者会考虑价格,并且实现上网收集相关评论,然后根据自己的偏好进行选择性购买。他们了解动漫信息的途径主要有网络、电视、漫展、动漫城和实体店以及杂志等。从这一点来看,动漫产品的口碑非常重要。因为喜欢动漫的消费者会在一个相对固定的圈子里讨论,如果没有好的口碑则无法赢得消费者的青睐。在这一点上,国产动画《喜羊羊与灰太狼》就是非常典型的例子,而几十年前拍摄的动画《大闹天宫》在国外也是同样的情况,都是通过好的口碑实现传播。另外,消费者在消费过程中不太注重产品的实用性,购买多用于个人收藏和作为礼品送人。消费频率不固定,消费地点集中在动漫城、报纸杂志亭以及路边的动漫小店。

(五) 2009 年北京市动漫产业的消费者调查问卷(见附录二)描述性、相关性与回归分析

根据 2009 年北京市动漫产业的消费者调查问卷,我们从多方面对消费者进行分析,包括不同消费者的构成、消费模式、消费频次、消费心理等方面的内容,采用方差分析、回归分析等方法对一手资料进行分类处理,分析现阶段北京动漫产业消费者的消费心理和消费行为模式,得出相关结论,并提出相关的解决途径和改进方法。

1. 2009 年北京动漫产业的消费者研究调查问卷描述性分析

(1)关于第一板块。

1)消费者平均关注动漫相关事物频率统计及分析。

图 6-12 显示的是消费者平均关注动漫相关事物频率的情况,如数据频率统计显示:被调查的消费者关注动漫相关事物一个月一次的所占数量最多,达到 39%;其次是一周关注两到三次占到 21%;最后是几个月一次和不关注,均占到 18%。每天关注的消费者也有,占到 4%。

结果显示:第一,被调查消费者大多为大学生,他们一个月关注动漫相关事物的频率大多为一次或几次。第二,其中有些消费者一周就关注动漫相关事物两到三次,甚至每天关注,这些消费者会成为动漫相关事物的忠实拥护者。

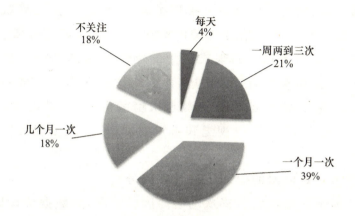

图 6-12　消费者平均关注动漫相关事物频率统计

2) 消费者喜欢的动漫类型统计及分析。

图 6-13 显示的是消费者喜欢的动漫类型的情况,如数据统计显示:被调查的消费者最喜欢的动漫类型是科幻类,占到 19%;其次爱情类和推理类,均占到 16%;再次校园类和生活类,均占到 14%。其余依次是格斗类占到 9%,体育类占到 7%,恐怖类占到 5%。

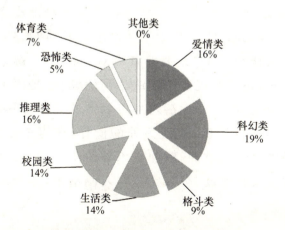

图 6-13　消费者喜欢的动漫类型统计

结果显示:第一,消费者最喜欢科幻类动漫,因为动漫本就是脱离现实的,但又源于现实,消费者看动漫,是追求一种新的感觉,体验不同的生活,而科幻类动漫正是满足消费者的这种心理,给消费者创造了一个崭新的世界。第二,消费者比较喜欢看推理类动漫,而且主要是喜欢看名侦探柯南。跌宕起伏的内容与精良优美的画风使名侦探柯南连载了 15 年依然经久不衰,在日本十几年的艰难努力的创作使这部动漫成了连载时间最长的漫画,堪称动漫界的一大奇迹,而柯南这一部作品也带动了推理类动漫的发展。第三,爱情是动漫消费者永恒的主题,在动漫中,爱情更能唯美深刻地表现出来,给人以视觉和听觉的冲击,表现出现实生活中难以表达的感动。

3)消费者喜欢动漫的原因统计及原因分析。

图 6-14 显示的是消费者喜欢动漫原因的情况,如数据统计显示:消费者看动漫最主要的原因是为了休闲娱乐,丰富课余生活,达到 23%,其次是感觉动漫中人物塑造有性格,表现形式特别,占到 17%;再次感觉动漫中的歌曲好听,占到 15%;接下来认为作品中的人物设计好看,认为在现实中无法表现动漫的题材,均占到 10%。接下来是剧情真实感人占到 9%,结交有共同爱好的朋友,时尚的趋势,认为是一种贴近时尚的表现均占到 5%,还有 1%属于其他原因。

消费者喜欢动漫的这些原因显示:第一,消费者看动漫,主要是为了休闲放松,丰富课余的生活,是为了舒缓心情和减轻工作生活学习中的压力,动漫是生活的辅助品,给正常的生活锦上添花,增添生活的乐趣,动漫成为正常生活的调味剂。第二,消费者喜欢动漫中人物塑造的特殊性格和独特的表现形式,还有在现实中无法见到的题材,是因为人们消费动漫产品的过程中,实际是在正常生活之外可以体验到另外一种生活,体验生活中不能感受到的独特经历,享受另外的世界,获得全新的体验。第三,消费者喜欢动漫中好听的歌曲,歌曲音乐是留给人记忆最深的东西,人们听到音乐就会触发某种感动,可以完全融入剧情中,体验深深的感动和不一样的感觉。

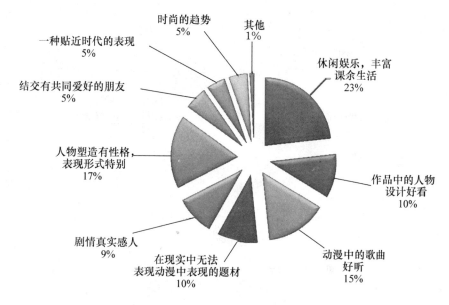

时尚的趋势 5%
其他 1%
一种贴近时代的表现 5%
结交有共同爱好的朋友 5%
休闲娱乐，丰富课余生活 23%
人物塑造有性格，表现形式特别 17%
作品中的人物设计好看 10%
剧情真实感人 9%
在现实中无法表现动漫中表现的题材 10%
动漫中的歌曲好听 15%

图 6-14　消费者喜欢动漫的原因统计

4）消费者喜欢动画的表现形式统计及原因分析。

图 6-15 显示的是消费者喜欢动画的表现形式的情况，如数据统计显示：消费者喜欢手绘动画的人数最多，达到 39％；其次是二维动画占到 16％，再次是三维动画占到 15％；接下来是现代动画和电脑合成动画占到 12％；最后是传统动画占到 6％。

结果显示两方面：第一，目前手绘动画是发展的最成熟的，手绘动画是相对电脑合成动画说的，手绘动画表现生动、画面唯美，消费者普遍接受，手绘动画是目前的主流动画。第二，中国的传统动画逐渐走向末路，传统的阿凡提等经典木偶动画没有得到相关重视，目前也几乎没有替代品了。

5）消费者看动漫时注重的方面统计及原因分析。

图 6-16 显示的是消费者看动漫时注重的方面情况，如数据统计显示：消费者最注重的是动漫的情节与内容，达到 42％，接近一半；其次是画面质量占到 22％；再次顺应潮流和动漫作者，均占到 11％；然后是音效占到 10％；其他还有 4％。

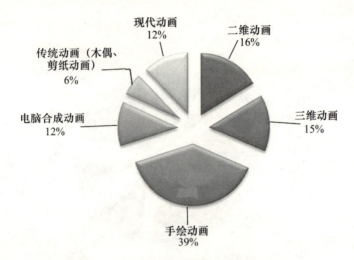

图 6-15 消费者喜欢动画的表现形式统计

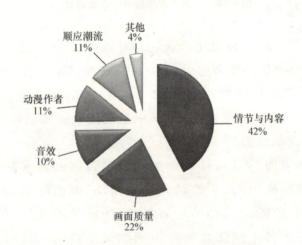

图 6-16 消费者看动漫时注重方面统计

由此可以看出：第一，消费者看动漫，最重视的是情节和内容，是内涵，一个技术简单但内容跌宕、内涵深远的动漫会给消费者无尽的想象和期待，给消费者看动漫时极致的享受，看动漫后深远的回味。技术复杂而内容又平平的动漫作品会让消费者失望，结果可预期的动漫会让消费者感觉糟糕透顶。无疑，内容为王的动漫时代永远不会过时。第二，消费者重视画面质量,消费者看动漫主要是为了放松,而画风优美的动漫无疑让消费者感到舒服,得到视觉的享受。第三,消费者看动漫同样重视潮流,消费者不单单是看动漫本身,在生活中也会因欣赏共同的动漫找到价值观相同的朋友,也会谈论动漫中的内容而加深彼此的了解与感情。动漫在这时就成了人们交流感情的一种媒介。

(2)关于第二板块。

1)调查消费动漫创意产品经历(如买动漫产品、看动漫杂志、漫画等)的统计及分析。

从图 6-17 我们看到参与调查的 67 位对象中,有消费动漫创意产品经历的顾客有 45 人,占到总体的 67%。没有消费动漫创意产品经历的顾客有 22 人,占到总体的 33%。表明在被调查的对象中,有相当大比例的人群曾经对动漫产品有过接触,甚至本身消费过动漫产品。

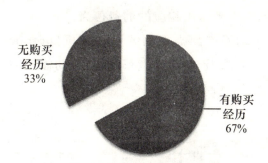

图 6-17 消费者消费动漫产品经历

结合第一板块,消费者的消费行为与其关注动漫相关事物频率是否有关系呢?

由表 6-12 可见,消费者的消费行为与其关注动漫相关事物频率是有一定关系的。

数据显示:

① 有消费动漫产品经历的消费者往往对动漫相关事物是持关注态度的。

② 在有消费动漫产品经历的消费者中有将近 50% 的人对动漫相关事物关注频率为一个月一次。

③ 对动漫相关事物不关注的消费者一般是不会做出消费动漫产品的行为的。

表 6-12　消费频率与消费经历的关系

有无消费行为 频率	有消费经历	无消费经历
每天	3	0
一周两到三次	11	3
一个月一次	20	6
几个月一次	10	2
不关注	1	11
合计(人)	45	22

消费者对某事物的关注程度会影响消费者对该事物的认知和了解,从而影响他的消费决策,引导他做出相应的消费行为。

2) 消费者喜欢动漫产品类型的统计及分析(product)。

从图 6-18 我们可以看到消费者最喜欢的动漫产品类型前三位分别是:动画片、动画电影、漫画书。

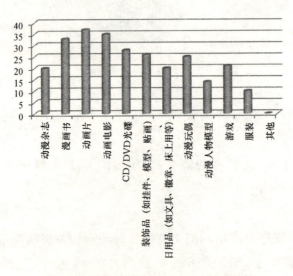

图 6-18　消费者喜欢动漫产品类型的统计

① 对这三种动漫产品的喜爱是不会受到年龄、性别的影响的。

② 在大多数消费者心中动漫就是动画片＋动画电影＋漫画书,它们都是动漫的核心和精髓。

③ 大多数人最早开始接触动漫是通过那一本本漫画书,看漫画书是最有感觉的。

④ 消费者购买动漫产品的类型统计及分析。从图 6-19 中我们可以看到消费者购买最多的动漫产品前三位分别是:CD/DVD 光碟,装饰品(如挂件、模型、贴画),漫画书。

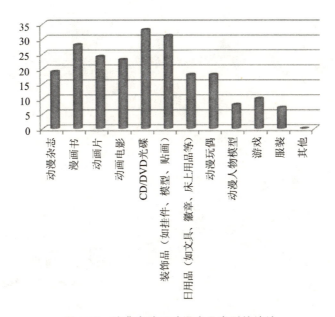

图 6-19　消费者购买动漫产品类型的统计

⑤ CD/DVD 光碟:购买 CD/DVD 光碟是因为可以不受到电视台播出时间和播放动漫内容的限制,选择自己喜欢的动漫作品,在自己方便的时间观看,观看的次数也不会受到限制。女生购买 CD/DVD 光碟的可能性会比男生高,因为女生喜欢反复观看温习自己喜爱的作品,而且 CD/DVD 光碟便于保留和观看。

⑥ 装饰品(如挂件、模型、贴画):女生比男生更爱消费与动漫有关的装

饰品（如挂件、模型、贴画）。一是女生天生就喜欢买装饰品，二是女生喜欢把钟爱的东西随身带着或 show 出来，这都会造成女生对装饰品（如挂件、模型、贴画）的购买比例比男生高。

⑦ 漫画书：大多动漫迷都具有"漫画书情结"，一定要去买齐全套自己所喜爱的漫画书花上几天一口气读完才行。对漫画书的喜爱不受性别的影响，购买漫画书的男女比例差不多（见图 6-20）。

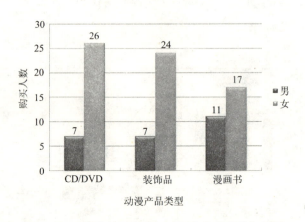

图 6-20　消费者性别与购买动漫产品类型的相关图

3）那消费者喜欢的动漫产品类型会决定到他们/她们购买的动漫产品类型吗？

图 6-21 表明，像动画片、动画电影、漫画书这三类的受喜爱比例与购买比例差得不多，CD/DVD 光碟、装饰品（如挂件、模型、贴画）这两类相差较大。所以消费者喜欢的动漫产品类型不一定会决定他们/她们一定会购买相应的动漫产品。

4）消费者通常会购买动漫产品的地点统计及分析（place）。

图 6-22 表明消费者购买动漫产品的最主要渠道是动漫小店，比例占到了 46%。

① 动漫小店的产品做工会比较精良，不少是卖家淘来的，其中不乏原版的精品。很多是在动漫街或动漫城中买不到的产品。

② 小店的租金相较大型动漫城会低很多，所以在小店卖的东西的性价比会很高。

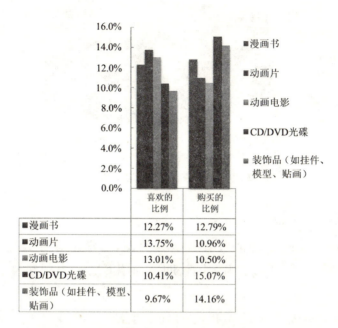

	喜欢的比例	购买的比例
▪漫画书	12.27%	12.79%
▪动画片	13.75%	10.96%
▪动画电影	13.01%	10.50%
▪CD/DVD光碟	10.41%	15.07%
▪装饰品（如挂件、模型、贴画）	9.67%	14.16%

图6-21　消费者喜欢与购买动漫产品类型的相关图

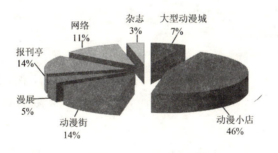

图6-22　消费者购买动漫产品的地点统计

③ 我国的动漫产业发展还比较落后，更不用说相应的产品了，像大型动漫城和动漫街也只是徒有其表，产品不能够满足广大动漫迷的要求。

5）消费者获得最新动漫信息的渠道统计及分析（promotion）。

如图6-23所示，消费者获得最新的动漫信息的渠道主要是靠同学朋友推荐和网络。两者的比例分别占到31％和24％。

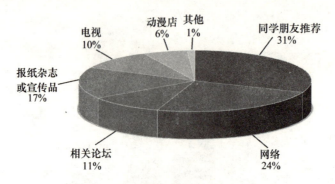

图 6-23　消费者获得动漫信息的渠道统计

① 第四板块中显示这次统计的消费者以 19～22 岁的高校学生为主，达到 85％，这个年龄层的消费者喜欢与朋友、同学推荐并分享自己喜欢或者觉得不错的东西。所以"靠同学、朋友推荐"是一个很重要的信息传播渠道。

② 网络的热浪一再进入我们的日常生活，它改变了我们对信息获得和传播的方式、消费的模式等。19～22 岁的高校学生又是使用网络的主要用户，因此这个信息传播渠道也不容小视。

6）消费者看法。

① 消费者对 Cosplay 比赛的看法。

如图 6-24 所示，51％表示对 Cosplay 比赛持无所谓的态度，22％喜欢 Cosplay 比赛，13％极喜欢 Cosplay 比赛，还有 14％不喜欢 Cosplay 比赛。

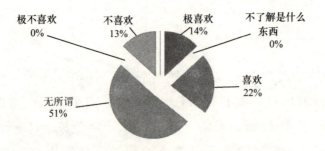

图 6-24　消费者对 Cosplay 比赛的看法统计

② 消费者对动漫手绘比赛的看法。

　　总的来说,受访者对动漫手绘比赛的看法是积极友好的。其中49％喜欢动漫手绘比赛,29％对动漫手绘比赛持无所谓的看法,11％极喜欢动漫手绘比赛(见图6-25)。

　　第一板块中显示消费者喜欢手绘动画的人数最多,达到49％,这也能解释大多数受访者对动漫手绘比赛的喜欢。

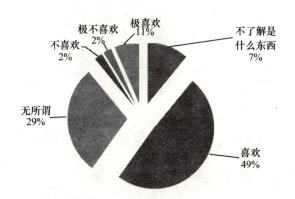

图 6-25　消费者对动漫手绘比赛的看法统计

③ 消费者对模型比赛的看法。

　　如图6-26所示,53％的受访者对模型比赛的看法是"无所谓",18％喜欢模型比赛,还有15％的受访者不了解模型比赛是什么东西。

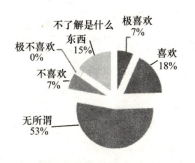

图 6-26　消费者对模型比赛的看法统计

7) 消费者购买过的动漫产品消费费用总计统计及分析(price)。

如图 6-27 所示,消费者购买过的动漫产品消费费用总计集中在 100～999元,比例高达 71％。

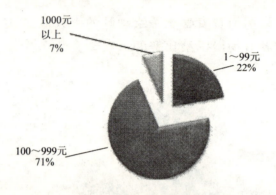

图 6-27　消费者消费动漫产品的费用统计

消费者购买过的动漫产品消费费用与消费者收入是有一定联系的。这次统计的消费者以 600～1000 元月收入的消费者为主,达到 39％,他们的可自由支配收入不会很多。所以商家在今后对动漫产品的定价要把这点考虑进去。

8) 消费者对所购买动漫产品满意程度的统计及分析。

如图 6-28 所示,62％的受访者表示对所购买动漫产品的喜爱程度为还可以,27％非常喜欢,11％表示一般。不太满意的为 0％。

图 6-28　消费者消费动漫产品的满意程度统计

① 可见消费者在做出消费决策时是进行了一番考虑和挑选的,所以

买后反馈的满意度才会这么好。

② 产品做工、质量与实用性应该是消费者评价对所购买动漫产品的喜爱程度的重要考虑因素。

9) 消费者购买动漫产品的个人意愿统计及分析(见图 6-29)。

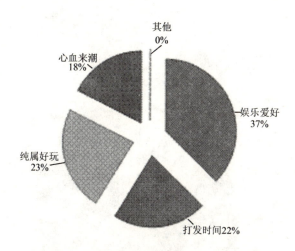

图 6-29　消费者消费动漫产品的个人意愿统计

受访者购买动漫产品的个人意愿主要有四个,分布也比较平均。比例最高的为娱乐爱好,占 37%;其次是纯属好玩,占 23%;再次 22%为了打发时间;最后 18%表示是因为心血来潮。

① 为娱乐爱好购买动漫产品的消费是具有一定理智性的。他们在消费时往往会考虑一些可控的因素,像价格、做工质量、产地等。商家可以以此来制造动漫产品和制定营销策略。

② 为其他三个原因购买动漫产品的消费是具有冲动性的,这种消费行为商家是很难掌握消费者心理的。

10) 消费者在消费动漫相关产品时,更看重的因素统计及分析 (promotion)。

如图 6-30 所示,消费者消费动漫相关产品时最看重哪些因素是商家比较关注的问题。调查结果显示消费者消费动漫相关产品时最看重价格和做工质量这两个因素,比例分别占到 36% 和 35%。实用性也被考虑在内,比例为 17%。另外还有 10% 的受访者表示以上因素均不考虑,只要自己喜欢就买。

① 消费者消费动漫相关产品时还是比较理智的,大多数都会考虑到价格和做工质量这两个因素。

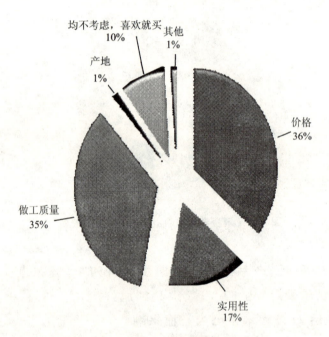

图 6-30 消费者消费时考虑的因素统计

② 这个结果跟受访人群收入也有一定关系。第四板块中,统计的消费者以600～1000元月收入的消费者为主,达到 39%,其次 300 元以下的消费者占到 25%,低端收入使得他们/她们在消费时不得不首先考虑价格因素。

③ 大多数消费者购买动漫相关产品是为了自己的收藏或者为了收集等待以后的升值,所以动漫产品的做工质量也是相当重要的。

11) 消费者所购买的动漫产品中,中国动漫产品所占整体的比重统计及分析。

结果:中国动漫产品所占整体的比重约为 7.71%。

第三板块中显示,在 67 份问卷中,表示自己喜欢中国动漫的仅有 5 名受访者,占到 7.5%。消费者对产品兴趣不高就不能吸引他们关注,不能形成购买动机,没有购买行为出现。所以中国动漫产品所占购买的动漫产品整体的比重约为 7.71% 也不足为奇。

12)消费者身边有亲人或者朋友购买动漫产品的情况统计及分析。

如图 6-31 所示,有 50% 消费者身边有亲人或朋友购买过动漫产品,这将会是一个很好的消费信息传播渠道。身边有亲人或朋友的购买行为会影响消费者自身的消费行为。

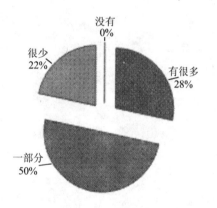

图 6-31 消费者身边的人购买动漫产品情况统计

13)未消费过动漫产品的调查者认为自己未来会否成为动漫创意品的消费者的情况统计及分析。

如图 6-32 所示,在未消费过动漫产品的调查者中,有 50% 的访问者表示自己在未来可能会成为动漫创意产品的消费者。这说明潜在动漫消费者所占比例还是很大的,动漫消费的未来发展是大有潜力可挖的。

14)未消费过动漫产品的调查者自身持有附带动漫元素物品的概率统计及分析。

如图 6-33 所示,在未消费过动漫产品的调查者中,有 44% 的受访者表示自己曾持有过附带动漫元素的物品,有过消费动漫产品的行为。他们/她们能否继续保持这种消费行为还需要收集数据考证。

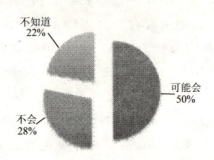

图 6-32   未消费过动漫产品的调查者成为潜在动漫消费者的可能性情况统计

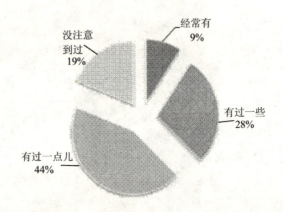

图 6-33   未消费过动漫产品的调查者附带过动漫元素物品的概率统计

（3）关于第三板块。

1）消费者对国产动漫前景的看法。

如图 6-34 所示,在 67 份问卷中,39 名受访者认为本土化的动漫产品有可能不断扩大消费市场份额,占总受访者的 58.2%。另外 13 名受访者认为本土化动漫产品一定会扩大消费市场份额,占总受访者的 19.4%。只有占 22.4% 的受访者对本土化动漫产品扩大消费市场份额持消极态度。

① 77.6% 的受访者都认为本土化动漫产品一定会或有一定可能扩大市场份额,他们都看好动漫产品的本土化。这说明受访者中,绝大多数都看好本土化动漫产品,认为他们存在扩大消费市场份额的潜力。

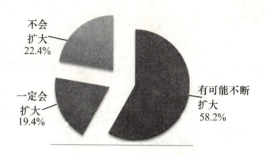

图 6-34　消费者对国产动漫前景看法的统计

② 本题的调查结果说明,本土化动漫产品吸引了一定的受众,使这些受众对本土化动漫产品发展持信任和肯定的态度,也就是说本土化动漫产品已经有一定的特色并且深入人心,并且对受众产生了一定的影响力。

③ 受访者对动漫的主观态度以及爱国主义情绪会影响他们对中国动漫前景的判断。

如图 6-35 所示,结合消费者信息,在全部受访者中,共有 62% 的消费者喜欢、很喜欢动漫或者是动漫的骨灰级"粉丝"。92% 的消费者对动漫不反感。从这一角度看,由于他们对动漫作品的热衷,受众对国产动漫是否能不断扩大市场份额的看法可能比较乐观。另外,受访者总体对动漫比较喜欢,他们在关注国外动漫的同时,势必也注意到国内的动漫发展,在关注国外动漫的同时,也会将国外动漫作品与国产动漫作品相对比。因此,他们认为国产动漫可能不断扩大市场份额也有一定的说服力。

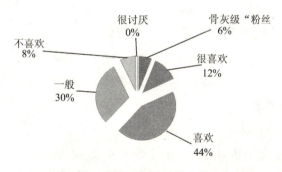

图 6-35　消费者对动漫的态度统计

2）消费者对国内原创动漫的看法。

在 67 份问卷中，66 名受访者回答了这个问题，1 份漏填。27 名受访者认为国内原创动漫进步明显，应该加以支持，11 名受访者认为国产动漫不错，应该继续支持。选择这两个选项占总受访者的 57.6%。另外有 36.4% 的受访者认为国产原创动漫水平有限，发不发展无所谓，还有 6% 的受访者认为应坚持引进外国动漫，不要发展国产动漫（见图 6-36）。

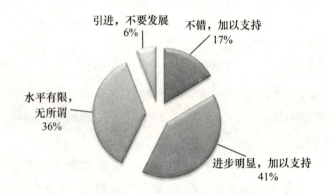

图 6-36 消费者对国内原创动漫的看法统计

① 57.6% 的受访者认为应该支持国产动漫的发展，这一结果体现了国产动漫在他们心中占有重要地位，他们肯定了国产动漫发展现有的成就，以及国产动漫拥有的发展潜力。

② 36.4% 的受访者认为国产动漫水平有限、无所谓。这些受访者对国产动漫并不反感，只是国产动漫并未吸引这些受众的注意力。如果大力发展国产动漫，这些受访者是国产动漫的潜在受众。

③ 在全部受访者中，共有 62% 的消费者喜欢、很喜欢动漫或者是动漫的骨灰级 fans。他们支持国内原创动漫发展，表明了现有的国产动漫让这些动漫爱好者看到了其发展的潜力。他们对国产动漫的支持，是有说服力的。

3）消费者认为国内原创动漫发展不足的原因。

在 67 份问卷中，被超过半数的受访者选择的选项有：

A. 发展时间短，产业不够成熟；

B. 缺乏特色,以模仿为主;

C. 缺乏良好的创作团队;

D. 题材狭窄;

E. 制作粗糙;

F. 作品针对年龄层较小。

这说明:

① 大部分受访者认为国产动漫没有发挥出中国文化特色,在较短的发展时间内,主要以模仿为主。他们期待国内原创动漫能发展与日本、欧美不同的道路,形成中国风的原创动漫。

② 大部分受访者认为国产原创动漫题材狭窄、制作粗糙,这与中国原创动漫缺乏良好的创作团队密切相关。这侧面说明大部分受访者对中国动漫的制作团队不信任,把中国动漫发展不足的原因归结于制作团队水平的低下。

③ 37 名受访者同意中国原创动漫作品针对的年龄层较小。本问卷的受访者年龄主要在 19~22 岁。他们认为中国原创动漫作品不能满足他们年龄的欣赏需求。这种动漫产品定位上的问题客观上缩小了中国国产原创动漫的受众群体。

④ 大多数受访者没有选择不认为中国原创动漫发展不足是配音的问题。也就是说,大多数受访者肯定了中国动漫的配音水平。

⑤ 大多数受访者没有选择"体系和政策问题"、"盗版过多,缺乏资金,扶持力度不足"两个选项。这说明,他们认为政策对于国产动漫的发展是比较宽松的,在现阶段不会成为发展的束缚。盗版过多、缺乏资金、扶植力度不够也不是国产原创动漫发展的主要问题。

4) 消费者对各国动漫的喜爱情况。

如图 6-37 所示,在 67 份问卷中,56 名喜欢日本动漫,占总受访者的83.6%。另外有 27 名受访者喜欢欧美动漫,占总受访者的 40.3%。表示自己喜欢中国动漫的仅有 5 名受访者,占 7.5%。

① 日本动漫受广大的受访者喜爱。选择喜欢日本动漫的受访者中,很多在解释喜欢日本动漫的原因时都认为日本动漫的画面漂亮、音乐优

美。这说明日本动漫首先在视听上吸引观众,这值得国产动漫学习。大多数受访者还认为日本动漫的题材和情节引人入胜。在通过视听手段吸引受众的同时,题材和情节上的特别设计也是日本动漫被广泛喜爱的重要原因。

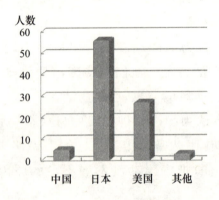

图 6-37   消费者对各国动漫的喜爱情况统计

② 有不到一半的受访者表示喜欢欧美动漫。他们在解释喜欢欧美动漫的原因时,同样认为欧美动漫的画面吸引观众。由此可见,对观众而言,获得视听上的愉悦是他们对动漫产品的期待。也有受访者认为欧美动漫的幽默风格吸引了他们。这说明欧美以诙谐幽默的风格见长,这是欧美动漫吸引受众眼球之处。

③ 与日本和欧美动漫相比,选择喜欢中国动漫的受访者仅占 7.5%。这说明与欧美动漫相比,国产动漫也在发展,并且已经吸引了一定的受众,但是影响力有限,需要进一步的发展。

5) 消费者对中国动漫发展的建议。

① 许多受访者认为中国动漫面向的受众群年龄过低,没有重视到青年人对动漫的需求。一些受访者认为中国动漫说教感太浓厚,说教感的主要原因,也是因为动漫作品面向的受众太低龄。青年人对动漫的需求是国产动漫的潜在受众,满足青年人的需求可以为国产动漫争取相当大的市场,促进国产动漫的发展。

② 由于这份问卷主要调查的是大学生消费群体。19～22 岁的受访

者占总受访者人数的 85％。在动漫作品的受众中，大学生是其中年龄较大的部分。大学生思想独立，对说教的教育方式比较反感。因此，更恰当地说，现在的中国动漫不能满足中国当代大学生的要求。

③ 一些受访者认为中国动漫应该向日本或欧美等动漫产业发达国家学习。这体现了中国动漫爱好者对国产动漫发展的迫切需求。

④ 也有受访者认为，中国动漫需要发挥自身特色，引入有中国特色的新颖题材。他们认为中国动漫需要创意，在中国文化的基础上，发展出有中国特色的动漫产业。

⑤ 还有受访者提出，中国动漫在涉及爱情问题的时候过于小心。他们认为这是中国动漫题材单调的原因之一。如何更好地处理动漫作品中涉及的爱情问题，既要满足青年人中的情感需求，又要正确地引导少年儿童，这值得动漫从业人员深思。

（4）关于第四板块。

1）消费者的年龄统计。

图 6-38 显示的是本次调研的消费者年龄统计。这次统计的消费者以 19～22 岁的高校大学生为主，达到 85％；其次是 23～30 岁的消费者占到 10％；再次是 30 岁以上的人占到 3％；最后是，13～18 岁的中学生占到 2％；12 岁以下的小学生没有统计。

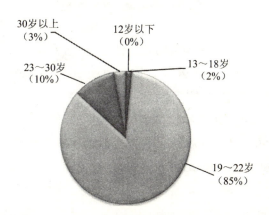

图 6-38　消费者的年龄统计

　　由于我们要做的是动漫产业的消费者研究,19～22 岁的高校大学生正是消费动漫产品的主力,他们年轻有活力,接受新鲜事物,对动漫也是热情的支持者,同时有足够的经济实力来追求喜欢的动漫产品,追求时尚,因此我们这次主要的调研对象选择了 19～22 岁这个年龄段。22～30 岁以研究生和年轻公司白领为主,他们有更强的经济实力,如果真心喜欢动漫会投入更大的精力与金钱,他们也成为我们调研的强大力量。同时我们还对 30 岁以上的成年人和 13～18 岁的中学生部分抽样。由于小学生基本不具有自主选择能力,消费动漫产品也主要靠家长支持,这次就没有作为我们的调研对象。

　　2) 消费者的性别统计。

　　图 6-39 显示的是本次调研的消费者性别统计。这次统计的消费者女性占 67%,男性占 33%。

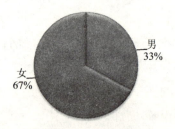

图 6-39　消费者的性别统计

　　这与消费动漫产品的消费者成正比。根据我们对生活经验的判断,购买动漫产品的女性要多于男性,而且动漫题材也以针对女性的动漫作品为多,喜好动漫的女性也较男性多一些。

　　3) 消费者的月收入(或经济来源)统计。

　　图 6-40 显示的是本次调研的消费者月收入(或经济来源)统计。这次统计的消费者以 600～1000 元月收入的消费者为主,达到 39%,其次 300 元以下的消费者占到 25%,再次是 1000～2000 元收入的消费者占到 19%,300～600 元收入的消费者占到 9%,3000 元以上收入的消费者占到 5%,还有 2000～3000 元收入的消费者占到 3%。

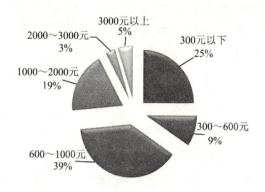

图 6-40　消费者的月收入(或经济来源)统计

　　由于我们调研的主要对象是高校大学生,他们的月收入集中在 600～2000 元左右,这样的收入足够他们购买一些喜欢的时尚动漫产品。而 300 元以下经济来源的消费者以学生为主,这 300 元全部是零花,同样可以用一部分钱购买一些喜欢的动漫产品。3000 元以上月收入的白领更加可能为喜欢的动漫产品支付大价钱。

　　4) 消费者对动漫的态度统计。

　　图 6-41 显示的是本次调研的消费者对动漫态度的统计。这次统计的消费者以喜欢动漫的消费者为主,达到 44%;其次是一般喜欢的消费者占到 30%;再次是很喜欢动漫的消费者占到 12%;不喜欢动漫的消费者占到 8%;骨灰级"粉丝"占到 6%。本次调研没有很讨厌动漫的消费者。

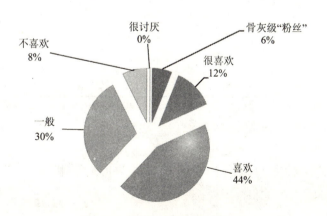

图 6-41　消费者对动漫的态度统计

　　这次调研的消费者 44% 喜欢动漫产品,他们对动漫产业的回馈会相对客观公正地反映现实动漫水平,他们会关注动漫,同时不会太过激情而失去应有的客观行为。一般喜欢动漫的消费者更能理性地回馈动漫产业,同时可能提出一些建设性意见。骨灰级"粉丝"是动漫忠实的消费者,他们对动漫的了解会大大超过一般人,这些"粉丝"也是我们深度调研的对象,他们了解动漫,喜欢动漫,会从各个方面分析北京现阶段的动漫发展,会对北京动漫产业的发展提出大量宝贵的意见和建议。

2. 2009 年北京动漫产业的消费者研究调查问卷相关性分析及方差分析

　　我们打算对收集到的问卷数据用 SPSS 软件进行统计分析,找出数据之间深层的关系,找到影响消费者行为的潜在因素,发现不易察觉的内在联系,以此来深入挖掘影响消费者对动漫产业消费行为的内在因素。

　　(1)动漫关注频率与购买行为。

　　消费者对动漫关注频率会影响其对动漫的消费行为吗?

表 6-13　关注频率与消费行为之间的关系

频率 ＼ 有无消费行为	有消费经历	无消费经历
每天	3	0
一周两到三次	11	3
一个月一次	20	6
几个月一次	10	2
不关注	1	11
合计(人)	45	22

　　注:对动漫关注频率:不关注/几个月一次/一个月一次/一周两到三次/每天,分别用代码 1,2,3,4,5 代表;购买行为中的有消费经历/无消费经历用 1,0 代表。

　　对动漫关注频率与购买行为的相关性与回归分析。

　　1)相关性分析(Correlations)。

Descriptive Statistics

	Mean	Std. Deviation	N
关注频率	3.2537	1.13275	67
购买行为	0.6716	0.47316	67

Correlations

		是否消费	关注频率
是否消费	Pearson Correlation	1	0.452**
	Sig. (2-tailed)		0.000
	N	67	67
关注频率	Pearson Correlation	0.452**	1
	Sig. (2-tailed)	0.000	
	N	67	67

注：**. Correlation is significant at the 0.01 level (2-tailed).

结论：

67 位受访者对动漫关注频率的平均值为 3.2537，购买行为的平均值为 0.6716，即受访者对动漫的平均关注频率主要为一个月一次，大约 67.16％的受访者有过对动漫的消费行为。

对动漫关注频率与购买行为的 Pearson 相关系数为 0.452，检验 p 值为 0.000，因此两者之间是呈正线性相关关系，说明对动漫关注频率越高，购买动漫产品的可能性越大。

2）回归分析（Regression）。

Variables Entered/Removed[b]

Model	Variables Entered	Variables Removed	Method
1	关注频率[a]		Enter

注：a. All requested variables entered。
　　b. Dependent Variable：是否消费。

Model Summary

Model	R	R Square	Adjusted R Square	Std. Error of the Estimate
1	0.452[a]	0.204	0.192	0.425

注：a. Predictors(Constant)：关注频率。

ANOVA^b

Model		Sum of Squares	df	Mean Square	F	Siq.
1	Regression	3.017	1	3.017	16.678	0.000ª
	Residual	11.759	65	0.181		
	Total	14.776	66			

注:a. Predictors:(Constant)关注频率。
　　b. Dependent Variable:是否消费。

Coefficients^a

Model		Unstandardized Coefficients		Standardized Coefficients	t	Sig.
		B	Std. Error	Beta		
1	(Constant)	1.143	0.140		8.186	0.000
	关注频率	0.192	0.047	0.452	4.084	0.000

注:a. Dependent Variable:是否消费。

结论:

$R^2 = 0.204$,说明这里的自变量(对动漫关注频率)可以解释大约20.4%的因变量(购买行为)的变化。

F 检验结果,F=16.678,p=0.000,F 检验显著,说明自变量(对动漫关注频率)与因变量(购买行为)之间存在线性关系。

回归方程为 $y=0.192x+1.143$,t=4.084,p=0.000,t 检验是显著的,回归有意义,说明消费者对动漫关注水平越高,就越有可能购买动漫产品。

(2)消费者对动漫的态度与其购买动漫产品金额的关系。

消费者对动漫的态度与消费动漫金额有没有关系呢?

对消费者对动漫的态度:不喜欢/一般/喜欢/很喜欢/骨灰级"粉丝",分别用代码 1,2,3,4,5 代表;消费金额:1~99/100~999/1000 元以上,分别用 1,2,3 代表。

消费者对动漫的态度与消费动漫金额的相关性与回归分析。

1)相关性分析(Correlations)。

Correlations

		态度	消费金额
态度	Pearson Correlation	1	0.458 **
	Sig. (2-tailed)		0.000
	N	67	67
消费金额	Pearson Correlation	0.458 **	1
	Sig. (2-tailed)	0.000	
	N	67	67

注：** . Correlation is significant at the 0.01 level (2-tailed)。

结论：

消费者对动漫的态度与其购买动漫产品金额的 Pearson 相关系数为 0.458，检验的 p 值为 0.000，因此两者之间是呈正线性相关关系，说明消费者对动漫的态度越喜欢，购买动漫产品的金额就越大。

2）回归分析（Regression）。

Variables Entered/Removed[b]

Model	Variables Entered	Variables Removed	Method
1	态度[a]		Enter

注：a. All requested variables entered。

b. Dependent Variable：消费金额。

Model Summary

Model	R	R Square	Adjusted R Square	Std. Error of the Estimate
1	0.458[a]	0.209	0.197	0.523

注：a. Predictors(Constant)：态度。

ANOVA[b]

	Model	Sum of Squares	df	Mean Square	F	Siq.
1	Regression	4.699	1	4.699	17.208	0.000
	Residual	17.749	65	0.273		
	Total	22.448	66			

注：a. Predictors(Constant)：态度。

b. Dependent Variable：消费金额。

Coefficients[a]

	Model	Unstandardized Coefficients		Standardized Coefficients	t	Sig.
		B	Std. Error	Beta		
1	(Constant)	0.793	0.197		4.021	0.000
	态度	0.277	0.067	0.458	4.148	0.000

注：a. Dependent Variable：消费金额。

结论：

R^2＝0.209，说明这里的自变量（消费者对动漫的态度）可以解释大约 20.9％的因变量（购买金额）的变化。

F 检验结果，F＝17.208，p＝0.000，F 检验显著，说明自变量（消费者对动漫的态度）与因变量（购买金额）之间存在线性关系。

回归方程为 y＝0.277x＋0.793，t＝4.148，p＝0.000，t 检验是显著的，回归有意义，说明消费者对动漫越喜欢，购买动漫产品的金额就越大。

（3）消费者收入水平/性别与动漫消费金额水平的相关关系。

消费者收入水平或性别与动漫消费金额水平之间的关系？

消费者的性别：男/女，分别用 1，0 代表，消费者收入水平：300 元以下/300～600/600～1000/1000～2000/2000～3000/3000 元以上，分别用 1，2，3，4，5，6 代表，消费金额水平 1～99/100～999/1000 以上，分别用 1，2，3 代表。

收入水平或性别与动漫消费金额水平之间的相关性。

1）相关性分析（Correlations）。

Correlations

	性别	收入水平	消费金额
Pearson Correlation Sig. (2-tailed) N	1 . 67	−0.139 0.261 67	0.096 0.438 67
Pearson Correlation Sig. (2-tailed) N	−0.139 0.261 67	1 . 67	0.017 0.891 67
Pearson Correlation Sig. (2-tailed) N	0.096 0.438 67	0.017 0.891 67	1 . 67

结论：

收入水平与性别不存在明显线形相关性。

收入水平与动漫消费金额不存在明显线形相关性。

性别与动漫消费金额不存在明显线形相关性。

消费者对动漫的消费金额不受消费者性别或收入水平的影响。

2）方差分析（Univariate Analysis of Variance）。

Between-Subjects Factors

		N
收入水平	1.00	16
	2.00	6
	3.00	28
	4.00	12
	5.00	2
	6.00	3
性别	0.00	45
	1.00	22

Tests of Between-Subjects Effects

Dependent Variable:消费金额

Source	Type Ⅲ Sum of Squares	df	Mean Square	F	Siq.
Corrected Model	2.219ᵃ	10	0.222	1.237	0.289
Intercept	114.778	1	114.778	639.606	0.000
收入水平	1.517	5	0.303	1.691	0.152
性别	0.282	1	0.282	1.571	0.215
收入水平 * 性别	0.883	4	0.221	1.230	0.309
Error	10.049	56	0.179		
Total	253.000	67			
Corrected Total	12.269	66			

注：a. R Squared＝0.181(Adjusted R Squared＝0.035)。

F 检验：

收入水平因子 F＝1.691, p＝0.152＞0.01。

性别因子 F＝1.571, p＝0.215＞0.01。

结论：F 检验结果不显著。

第一，收入水平与性别这两个因子都不显著，即收入水平或性别对动漫消费金额水平的影响均不显著，说明消费者的收入水平和性别与消费者购买动漫产品的金额之间并没有明显关系。

第二，同时说明男性和女性消费者均有可能花大价钱购买喜爱的动漫产品；收入无论高低，都有可能对自己喜爱的动漫相关产品投入大价钱。

（4）消费者对动漫产品的消费行为与消费者对动漫本土化看法的

关系。

消费者对动漫产品的消费行为与消费者对动漫本土化看法之间有什么关系呢？

在对数据分析时我们发现了一个现象，即动漫消费者的消费行为与对本土化的动漫产品会否扩大市场份额有着显著的关系。

对消费者对动漫产品的消费行为：没有/有，分别用代码 1,2 代表；消费者认为本土化的动漫产品会否扩大市场份额：不会/有一定可能/一定会，分别用 1,2,3 代表。

消费者对动漫产品的消费行为与消费者对动漫本土化看法的相关性与回归分析。

1）相关性分析（Correlations）。

Correlations

		是否消费	本土化会否扩大
是否消费	Pearson Correlation Sig. (2-tailed) N	1 67	0.328 ** 0.007 67
本土化会否扩大	Pearson Correlation Sig. (2-tailed) N	−0.328 ** 0.007 67	1 67

注：**. Correlation is significant at the 0.01 level (2-tailed).

结论：

消费者对动漫产品的消费行为与消费者对动漫本土化看法的 Pearson 相关系数为 −0.328，检验的 p 值为 0.007<0.01，因此两者之间是呈负线性相关关系，说明有过动漫产品消费行为的消费者反而不看好本土化的动漫产品，认为本土化的动漫产品不会扩大其市场份额。

2）回归分析（Regression）。

Variables Entered/Removed[b]

Model	Variables Entered	Variables Removed	Method
1	本土化会否扩大[a]		Enter

注：a. All requested variables entered。
　　b. Dependent Variable：是否消费。

Model Summary

Model	R	R Square	Adjusted R Square	Std. Error of the Estimate
1	0.328[a]	0.107	0.094	0.450

注:a. Predictors(Constant)：本土化会否扩大。

ANOVA[b]

Model		Sum of Squares	df	Mean Square	F	Siq.
1	Regression	1.586	1	1.586	7.815	0.000[a]
	Residual	13.190	65	0.203		
	Total	14.776	66			

注:a. Predictors(Constant)：本土化会否扩大。
　　b. Dependent Variable：是否消费。

Coefficients[a]

Model		Unstandardized Coefficients		Standardized Coefficients	t	Sig.
		B	Std. Error	Beta		
1	(Constant)	2.141	0.177		12.117	0.000
	本土化会否扩大	−0.238	0.085	−0.328	−2.796	0.007

注:a. Dependent Variable：是否消费。

结论：

第一，$R^2=0.107$，说明这里的自变量（消费者对动漫产品的消费行为）可以解释大约10.7%的因变量（消费者对动漫本土化看法）的变化。

第二，F检验结果，F=7.815，p=0.007，F检验是显著的，说明自变量（消费者对动漫产品的消费行为）与因变量（消费者对动漫本土化看法）之间存在线性关系。

第三，回归方程为 y=2.141−0.238x，t=−2.796，p=0.000，t检验是显著的，回归有意义，说明有过动漫产品消费行为的消费者反而不看好本土化的动漫产品，认为本土化的动漫产品不会扩大其市场份额。

（六）北京动漫产业 SWOT 分析

我国动漫产业在高速发展中，不断进步和完善，取得了良好的成绩，但是也面临着国际动漫产品的挑战，只有参与激烈的国际市场竞争，我国动漫产业才能提升国际市场竞争力。这里我们运用 SWOT 模式分析北京动漫产业面临的优势、劣势、机会和威胁,对提高北京动漫产业国际市场的竞争力具有积极意义(见表 6-14)。

表 6-14　北京动漫产业 SWOT 分析

优势(Strength)	劣势(Weakness)
1. 我国市场需求与潜在市场前景广阔 2. 动漫产品及动漫产品衍生产品市场空间大 3. 动画片产量逐年上升	1. 动漫作品量多质低,缺乏创意,动画片主要靠进口,难以满足市场需求 2. 动漫产业链不完善,产业不成熟
机会(Opportunity)	威胁(Threat)
1. 重视动漫教育和动漫人才培养 2. 政府扶持保护国产动画 3. 北京市积极促进北京动漫产业发展 4. 成功举办中国国际动漫游戏产业博览会	1. 面临激烈的国际市场竞争 2. 国内相较国外较低的制作成本,有可能成为国外厂商在国内的代工者或合作者 3. 未来我国动漫产业将呈现兼并重组的趋势

1. 优势(Strength)

(1)我国市场需求与潜在市场前景广阔。

中国巨大的人口消费市场给动漫产业发展提供了强大的基础。据文化部有关部门预测:我国动漫产业近年来以 40% 以上的增速跨越发展,中国动漫市场的价值具有 1000 亿元的市场空间。未来三五年内将是动漫产业发展的黄金时期;另外,我国 18 岁以下青少年达 3.67 亿元,这是动漫消费的潜在人群,市场潜力巨大。

(2)动漫产品及动漫衍生产品市场空间大。

如前所述,中国目前每年儿童食品每年的销售额为人民币 350 亿元左右,玩具每年的销售额为人民币 200 亿元左右,儿童服装每年的销售额达 900 亿元以上,儿童音像制品和各类儿童出版物每年的销售额达人民币 100 亿元。在某种程度上,这些行业今后的发展与行销都有赖于动漫这一新兴产业的带动作用,以此类推,中国动漫产业将拥有超千亿元产值的巨大发展空间(见图 6-42)。

(3)动画片产量逐年上升。

国家广电总局有关数据显示,1993~2003 年,我国国产动画片总产量仅为 4.6 万分钟,而 2004 年一年的产量就达到 2.18 万分钟,2005 年年产量为 4.27 万分钟,2006 年全年总量达到 8.23 万分钟。在数量大幅提升的同时,动画质量也日益提高(见图 6-43)。

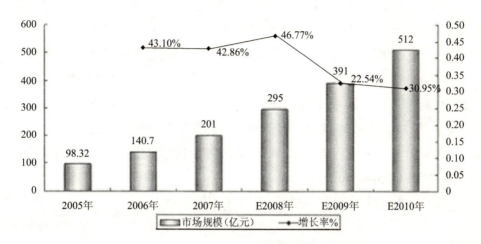

图 6-42　2005～2010 年中国动漫市场规模预测

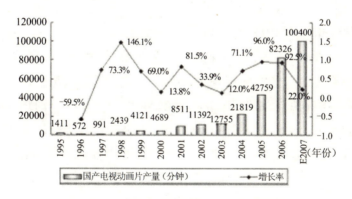

图 6-43　1995～2007 年中国国产动画片年产量

2. 劣势(Weakness)

(1)动漫作品量多质低,缺乏创意,动画片主要靠进口,难以满足市场需求。

我国动漫产业发展的速度虽然很快,但大量动画片的播出主要靠进口,民族动漫产业较国外相对落后,技术、平台、服务、人才培养、知识产权等多个方面都需要进一步提升和改善。

（2）动漫产业链不完善，产业不成熟。

我国现代动漫市场尚处于发展初期，还不够成熟，产品结构单调、产业布局不尽合理。潜在的动漫市场有待进一步开发。同时，由于我国企业在这一产业领域里的自主创新能力较弱，市场竞争优势基本上被美国、日本和韩国企业所控制。中国动漫产业的发展与人民群众不断增长的精神文化需要和不断发展的市场需求之间还有很大差距，在原创能力、人才、技术、投资、知识产权保护、管理体制等方面，还没有出现根本改观。用5～10年时间跻身世界动漫大国和强国行列的目标依然任重而道远。

3. 机会（Opportunity）

（1）重视动漫教育和动漫人才培养。

2006年4月，国务院办公厅转发了财政部等部门《关于推动中国动漫产业发展的若干意见》，提出了推动中国动漫产业发展的一系列政策措施。动漫教育和人才培养、动漫产业基地建设、动漫国际交流等都驶入快车道。

（2）政府扶持保护国产动画。

国家广电总局确定了"一个中心、两个着力点"的发展思路以发展动画产业为中心、走产业化发展道路。"两个着力点"是指：通过扩大国产动画播映平台，构建强大的国产动画播映体系，有效拉动国内市场需求，扩大国产动画市场规模，带动整个动画产业的良性发展；采取有效措施，保护刚刚发育、还很弱小的国产动画产业，为国产动画产业健康发展营造良好的环境。

（3）北京市积极促进北京动漫产业发展。

2008年北京市广电局会同市委宣传部体改办，就当前北京市动画产业发展现状进行了深入调研。目前，由北京市广电局上报的"北京市文化创意产业集聚区"——海淀区中关村创意产业先导基地、石景山区北京数字娱乐产业示范基地和通州区宋庄原创艺术与卡通产业集聚区，成功获批成为国家动画产业基地。

（4）成功举办中国国际动漫游戏产业博览会。

第四届中国国际动漫游戏产业博览会日前在上海展览中心成功举办,共有 13 个国家及地区的 155 家动漫企业参与,展出面积达 2 万平方米;开展 5 天,观众达 14.53 万人次,其中包括 23334 名专业观众;博览会现场交易额高达 3.11 亿元人民币。这些都显示出我国最近几年之内将迎接来动漫发展的好机遇。

4. 威胁(Threat)

(1)面临激烈的国际市场竞争。

行业集中度过低。由于我国动漫产业起步较晚,没有成熟的产业链,动画制作企业数量众多,但是制作实力与原创能力弱,产量多而精品少,难以满足市场的需求。

(2)国内相较国外较低的制作成本,有可能成为国外厂商在国内的代工者或合作者。

由于动画制作的成本很高,而国内动画制作业的制作成本相对较低。国外动画制作公司的生产有向国内转移的可能,使得国外厂商渴望在国内寻找代工者与合作者。

(3)未来我国动漫产业将呈现兼并重组的趋势。

行业内横向兼并趋势明显。虽然市场前景广阔,但国内动画制作行业利润微薄,数量众多的小型动画制作公司需要整合为有实力的大型动画制作公司,这样可以在一定程度上降低单位制作成本,建立良好的价值链与产业链,形成成熟的营销渠道,创立自由品牌,建立动漫产品及其衍生产品体系。

(七)战略建议

(1)中国动漫必须走产业化道路。通过分析各国动漫发展历史经验,我们必须坚信动漫产业的可持续发展必须要走产业化道路。欧洲动漫曾因走艺术化道路而衰败,在第二大世界大战期间因政府扶持和商业化道路而得到复兴。美国动漫也在发展的过程中逐步拓展到玩具、广告、娱乐等相关产业链领域,形成了完整的产业化、商业化相互推动的模式。因此,中国动漫产业更需要在采用这个成功的经验基础上,不断革新创造理念,不断拓展,满足消费者需求,走出一条创新之路。

(2)我国动漫产业的发展必须以本土文化为基础,坚持本国特色为主,融合外国技巧为辅。不仅是动漫产业,任何产业的发展都必须以本土文化为基础。我国早期动漫产业的繁荣正是源于此。各动漫发达国家虽然有相互的融合和借鉴,但都坚持着本国的特色。美国动漫拥有自己独特英雄式的动漫人物。虽然韩国早期原创性动漫发展一度受挫,但他们仍不懈地追求国产化道路,并逐渐地取得了成功。我国动漫产业目前也面临着巨大的外部压力。我国动漫消费者不需要外国动漫产品的模仿品,他们需要的是有中国特色和文化符号的动漫作品。因此只有坚持充分地挖掘我国丰富悠久的历史文化资源,借鉴国外技术,融合本土文化,大胆创新,我国动漫产业才能有勃勃的发展生机。

(3)我国动漫产业发展重点支持原创作品发展。虽然从市场规模来看,我国已是一个动漫大国,但产业基础脆弱与市场空间巨大之间形成了强烈反差。我国动漫产业的行业集中度过低,没有成熟的产业链,虽然动画制作企业数量众多,但是产量多而精品少是我国动漫产业的现状。无论从文化层面还是从经济利益出发,鼓励中国原创动漫发展是刻不容缓的。当前,动漫工作者应当正视与欧美日韩的差距,积极借鉴国外发展经验,挖掘本土文化资源,推动我国动漫产业从引进代理为主走向自主开发为主,从学习模仿为主走向独立原创为主。中国动漫产业要通过对原创作品的支持,打造成熟的动漫产业链,培育具有较强竞争力的市场主体,创造一批具有中国特色和国际影响的动漫品牌,从而吸引更多消费者。

(4)我国动漫产业的发展需要政府积极创造条件,给予适当的支持。我国动漫产业面对欧美日韩发展多年的动漫产业而言,处在初级阶段,还有很大的发展空间。因此在我国动漫产业发展初期,动漫产业需要政府适当扶持和帮助,为其发展提供支持。尽管目前我国已经逐步出台一些配套政策支持的法规,如设立专门的动漫发展基地、园区和专项鼓励基金,加强对本国动漫知识产权的保护,出台动漫产业发展规划等,但这些还是远远不够的。政府推出的政策应为动漫产业的发展营造良好的环境氛围,坚持以市场导向为主、以企业自主发展为主,逐步将动漫产业引向商业化、产业化的发展道路上。

（5）动漫产业发展中应增强企业的竞争能力。企业是市场竞争的主体，一个产业的竞争能力主要体现在业内企业的竞争能力，支持动漫产业就要给动漫企业更多的切实支持。中国动漫的发展要积极培育一批具有强大自主创新能力和市场运营能力的动漫研发和运营企业，创作生产一批体现民族精神和时代方向的民族动漫精品，真正树立中国民族动漫的品牌，树立中国动漫产业在消费者心目中的地位。

（6）动漫产业的发展需要成立交流动漫协会与画展，并设立专门的动漫研究机构及人才培养体系。动漫产业的发展要遵循动漫产业的自身发展规律，这需要强大的理论基础支持。因此发展动漫产业必须要逐步形成完善的动漫理论体系，要有广泛市场需求支持，需要开拓一条商业化创作融资渠道，需要成立行业协会来引导行业的发展，需要成立专门研发机构，必须有一批个性鲜明、风格独特、功底扎实、很强敬业精神的人才队伍。优秀的动漫人才是吸引消费者的重要因素，著名插画家和动漫制作人的作品往往能吸引更多的消费者。但是由于报酬原因，很多有能力的编剧宁可去做电视编剧，也不愿意做动画编剧，造成真正有能力的、高水平的动画编剧少之又少，一些动漫企业寻人无门。动漫人才培养机构的目标也不够明晰，这造成了同质化现象严重。动漫人才分布不均、配置不合理，导致人才市场的混乱和无序竞争，造成创造型人才的短缺、各层次技能型人才的均衡，从而制约整个动漫产业的良性发展。韩日两国在这方面的发展经验为我国的发展提供了很好的借鉴。

（7）动漫产业需要培育完整的动漫产业链。动漫市场通常分为三个层次：一是动漫出版物和音像制品市场；二是动漫作品的影视播出市场；三是动漫形象的衍生产品，包括游戏、文具、玩具、食品、服装、日常用品和主题公园。而贯穿其中的是一条完整的产业链：原创生产—在动漫期刊上连载—选择读者反馈好的出版、发行单行本—改编成动画—音像制品或游戏产品—衍生产品。

通过观察国产动漫产品的制作不难发现，缺乏准确定位、缺乏资金，已经成为我国动漫产业正陷于一个恶性循环的怪圈：缺少创意、资金不足—产品质量难以提高—投资回馈低—投资商丧失信心—资金更加匮乏。有专家指出当务之急是寻找到一种投资小、见效快、回报率高的运作模式，提高投资方的投资热情，从而更好地满足动漫消费者。

（8）动漫产业发展必须瞄准技术发展趋势，充分利用前沿电脑技术。国外动漫产业取得巨大飞跃，源于技术的巨大变革。从早期摄影技术诞生而有动画电影，因电视技术的发展而有动画电视，因互联网技术而有网络游戏。应该充分利用目前电脑技术与互联网技术，积极集中力量研发三维动画技术等前端领域。动漫产业的发展得益于除了商业化模式的成功运作外，还在于源源不竭的创新动力，对新技术不断采用、融合。新技术可以给动漫作品带来更强的表现力，从而吸引更多消费者，为产业创造更多的影响力。

（9）动漫产业必须将读者界面由儿童为主逐步拓展到社会的各个阶层，扩大市场需求。动漫产业持续繁荣源于市场庞大需求和面向全社会的发展理念。目前中国动漫主要群体是以儿童等低端年龄层次为主，不仅约束创造理念的空间，也大大约束了动漫产业发展的产业发展空间。因此，许多大龄动漫消费者并未选择国产动漫产品，而把关注点聚集于欧美日韩的动漫产品，这使中国动漫流失了许多潜在消费者。只要在遵循相关法律与道德的准则下，可以将动漫产业定位对象重新回归到社会的各个阶层。

五、北京市艺术品市场发展状况及消费者构成研究

艺术品市场是文化创意产业的一个重要组成部分，是近年来迅速发展的一个市场。随着经济的发展和社会的进步，中华民族梦寐以求的小康社会在 21 世纪初实现，尤其是 2003 年中国人均生产总值超过 1000 美元，公众的消费结构以及投资取向都发生了重大的变化。在这个背景下，全社会对艺术品的总需求量越来越大，总购买力越来越强，由此为中国艺术品市场的成熟创造了难得的历史机遇，一个活跃、繁荣的艺术品市场正在迅速形成。

近年来,随着经济发展和中国综合国力的增强,中国收藏家和收藏机构在国际艺术品市场中的影响力逐渐上升,中国国内艺术品购买力大幅增长,艺术品的高价纪录不断被刷新,平均价格线也不断提高;据权威部门透露,2007 年中国艺术品在全球拍卖市场上成交总额达到 236.9 亿元人民币,比 2006 年增长 41%,已经超过法国成为世界第三大艺术品市场。

北京是中华人民共和国的首都,具有深厚的历史文化底蕴。改革开放以来,北京作为全国文化中心的地位日渐巩固和提升,文化投入持续增加,文化设施逐步改善,文化产品不断丰富,文化活动蓬勃发展,文化交流日趋活跃,文化消费空前增长。资料显示,北京已初步形成艺术品拍卖、艺术博览会、画廊的经营、民间艺术品的流通、艺术品的国际流转、艺术品的展览等优势行业,大大发展了艺术品市场。可以毫不夸张地说,作为中国首都的北京,已经名正言顺地成为世界市场的中国艺术品中心,成为东方艺术品市场最活跃的制高点。

从目前北京艺术品市场的实际发展情况来看,尽管整个产业发展迅速,但由于整个中国艺术品市场起步较晚,市场异常庞大,存在的问题还相当多:艺术品市场机制不健全,经纪人制度不完善,违规操作较多,鉴定后备力量不足,文物观念不强,拍卖秩序混乱等,严重束缚了艺术品市场的发展。从理论研究角度来看,国内学者对艺术品市场的研究集中在中国艺术品市场发展状况评估(刘金库,2007)、艺术品市场的行业规范问题(张新建,2008)、中国艺术品市场的战略转型(邵庆祥、朱红亮,2008)、中国艺术品拍卖市场发展研究(盛运付,2002)、艺术市场与经济发展状况之间的关系(赵艳婷,2005)等方面。

理论研究远远落后于艺术品市场发展的实际速度,尤其是目前对艺术品市场的理论研究集中于艺术品拍卖、艺术博览会、民间艺术品流通这三大领域,从管理角度对艺术品市场的研究非常少,特别是对艺术品市场的消费者构成和行为研究更是几乎空白。然而,面对快速发展的当代艺术品市场,消费者的行为模式与传统服务业相比也发生了很大的变化,因此,研究艺术品市场中的消费者构成及心理和行为模式对于整个市场的健康迅速发展具有重要的理论和实践意义。从理论上讲,本书将填补艺术品市场消费者行为研究的空白;从实践上讲,本书可以为从事艺术品市场活动的相关企业提供消费者心理及行为模式,从而为企业的产品策略及营销策略提供依据。

(一) 艺术品市场相关概念界定

1. 文化创意产业

文化是人类在社会发展过程中所创造的物质财富和精神财富的总和,本书特指精神财富,如文字、艺术、教育、科学等(《辞海》1982 年版)。而创意则是一个近年来出现的词汇,一般指创造性的思维、想法。把两者结合起来,便产生了文化创意产业。文化创意产业,又名"创意经济"、"文化产业",一般指源自个人创意、技巧及才华,通过文化知识产权的开发和运用,以产品、服务或体验等形式呈现出来,具有创造财富和就业潜力的行业。

中国文化创意产业的萌芽最早出现在 2002 年,当时经营不善的杭州蓝孔雀化纤厂将厂房对外出租,吸引了一大批设计师和艺术家入驻,并起了一个时尚的新名字——LOFT49,它的出现意味着中国文化创意产业的兴起。随后,各大城市的创意产业园区如雨后春笋般遍布各地。从目前来看,我国文化创意产业市场还不成熟,需求还不稳定,产业链尚不完整,是既有风险又有有效需求的高速增长、市场前景十分广阔、经济效益非常诱人的朝阳产业。

2. 艺术品市场

艺术品市场是文化创意产业的一个重要组成部分,它是以商品交换的形式向社会提供艺术产品的场所。在收藏经济大行其道的今天,艺术品已经成为继证券和房地产之后的第三大投资热点。

(1)中国艺术品市场。中国的艺术品市场有非常悠久的历史,中国人对艺术品的偏爱数千年来从未间断过。最近几年,由于中国经济的稳定快速发展,民间收藏运动向广度和深度发展,艺术品成交价格的屡创新高以及媒体的大力宣传,艺术品市场在以极快的速度发展着。自 2003 年秋,拍卖会场次和成交额以两年为周期实现跨越式增长,2008 年秋季总拍卖专场数突破 600 场,总成交额突破 1600000 万。较 2000 年春季拍卖会,内地的成交额增长了 40 倍,占总体的比例由 27% 提高到 57%。其中,京津和长三角地区是我国艺术品最主要的集中交易区,京津地区达到了近年单季拍卖接近 250 场的水平。另一个关于艺术品市场迅猛发展的间接证据,来自中央电视台的"鉴宝"节目。这个在非黄金时段播出的节目,开播前三年,收视率一直稳居经济频道前三名。紧随其后的,是北京电视台的"天下收藏"等栏目,还有指导收藏的期刊如《收藏》、《东方艺术市场》等。种种迹象表明,中国的艺术品经济已经初具规模。

(2)北京艺术品市场。北京作为国家首都有着得天独厚的政治、文化、人才优势,发展北京艺术品市场应该充分整合、利用、转化和开发北京的优势资源,把北京建设成具有全国辐射性和影响性的艺术文化创意中心。我们取两个点来看一下北京艺术品市场的发展:1992 年 10 月 11 日,100 多家新闻单位、500 多家新闻媒体同时报道了一件喜事:在国家文物局和北京市文物局的支持以及北京市文物公司配合下,北京拍卖市场对 2188 件文物艺术品进行拍卖。作为北京市第一家艺术品拍卖公司,该公司总成交额 300 多万元,这是当时国内规模最大的艺术品拍卖会,对文物政策的修改也起到了推动作用;2007 年北京春拍,吴冠中画作《交河故城》在北京保利拍卖会上以 4070 万元拍出,是当年拍卖成交的最高价。对比发现,2007 年的单品成交额远超过当年拍卖公司的成交总额,可见发展之迅速。目前,在琉璃厂、潘家园、古玩城等地经营艺术品的商家共有 4000 多个,拍卖公司有 19 个,整个产业状态呈一种梯形结构。

艺术品市场作为文化产业,除了自身发展以外,还带动了相关产业的发展。潘家园旧货市场是一个群众自发形成的市场,市场内现有从业人员几千人。但为潘家园市场服务的吕家营、双桥等地区的从业人员至少是潘家园从业人员的 10 倍以上;与这个市场相关联的还有河北、山西、内蒙等地的相关产业,也得到了很大的带动。

总体来说,虽然北京艺术品市场中有这样那样的问题,存在比较尖锐的矛盾,但总体来说还是好的。北京的文物艺术品投资、收藏、拍卖市场已经加入到世界艺术品交流中心的行列中。过去我们中国文物艺术品交换中心在英国伦敦,后来转移到了日本的东京,再后来又发展到美国的纽约,最后是我国的香港。中国大陆有了文物艺术品拍卖市场,在不到 10 年的时间里,北京已经跨入了这个中心的行列。

就此,我们展开北京市艺术品市场发展状况及消费者构成研究,旨在更多地了解北京艺术品发展现状及消费者的消费心理、消费动向、消费行为、消费层次,也希望从调查研究中发现市场的缺陷和不足,并提供完善市场的建议和意见。

(二) 我国艺术品市场的发展现状

消费结构的调整,使艺术品市场需求更加旺盛。我国居民消费的恩格尔系数逐年降低,已由温饱时期的彩电、冰箱、洗衣机的三大件改善至小康社会的居住、出行、通信三大块。随着小康社会的发展,使得改善生活质量、精神生活的艺术消费逐年提高。预计 2020 年,中国城市化水平将达到 55%～60%,而艺术品的主要消费阶层恰是城市中产及其以上的居民,由此奠定了艺术品市场发展的空间。中国艺术品市场的繁荣既是小康社会对文化的直接需求,也进一步促进了小康社会的全面建设。繁荣的艺术品市场在提高公众精神生活质量的同时,也提高了整个社会的文化内涵和国民素质,提升了公众的审美品位和欣赏水平。

下面从人均国民生产总值和恩格尔系数两方面来分析。

1. 人均国民生产总值

人均 GDP 表征着一个国家(地区)的经济发展水平和富裕程度,经济学界一般把人均 GDP 作为划分经济发展阶段的重要指标。按照国际通行的说法,一个国家艺术品市场的启动条件是人均 GDP 应达到 1000～2000 美元,而人均 GDP 达 8000 美元时,公众才有可能大规模地形成对艺术品收藏的兴趣,艺术市场亦随之形成和发展起来。2003 年,中国大陆人均国民生产总值突破 1000 美元,社会消费结构向发展型、享受型升级。一些大城市及经济发达地区早已达到更高的水平。北京 2003 年的人均 GDP 达到 3874 美元,到 2008 年北京进入经济加速阶段,人均 GDP 已经达到 9075 美元,按照世界银行的标准,这些地区已经相当于世界上中等收入国家和地区的水平。从国际艺术品市场的发展规律来看,中国大陆的艺术品市场目前正处于启动时期,并会随着经济的高速发展变得更为繁荣与成熟。

2. 恩格尔系数

恩格尔系数是国际上衡量生活质量的一项综合指标,是指食品消费支出占家庭消费总支出的比重。联合国粮农组织曾提出一个以恩格尔系数判定生活发展阶段的标准:60%以上为贫困,50%～60%为温饱,40%～50%为小康,30%～40%为富裕,30%以下为最富裕。数据显示,1978～2003年,北京城镇居民生活恩格尔系数从1978年的62.9%下降到2003年的31.7%,城镇居民步入富裕生活阶段。2009年上半年,北京的恩格尔系数已经降低到25.34%,已接近中等发达国家水平。公众在消费方面表现为更加注重对生活质量的追求,消费行为也从对廉价品、耐用品的追求向舒适品、奢侈品和多样化、个性化消费的方向转变。人们在满足了生活最基本需要之后,更加注重精神文化的消费。消费者的消费需求进而成为拉动艺术品市场发展的内在动力。

人均国民生产总值、恩格尔系数是体现经济发展程度的重要指标,也由此可以判断某个国家、地区或城市的经济状况是否可以形成艺术收藏群体。

2000年以来中国艺术市场在持续性的发展过程中,已经逐步形成了以专业画廊为主体的一级市场(专业零售市场),以艺术拍卖为主题的二级市场(艺术品拍卖市场),一级以艺术博览会为主题的一级半市场(专业展会市场)彼此分工、相互扭合的市场结构,各市场主体在不断进行自我提升的同时,也更强化了不同主体间的互动配合,由此推动了中国艺术市场结构性优化的发展态势。

北京是中国的文化中心,随着当代艺术品市场的火爆,有越来越多的人从四面八方汇集到这里寻找他们的梦想。如今,北京就有七八个能叫得上名来的艺术区,宋庄、一号地、环铁、酒厂等都是这两年红火起来的。

2009年的中国艺术品市场,无疑延续了近年来持续发展的大势,在社会、经济、文化领域拥有越来越大的影响力,而参与人群的规模化、与其他市场间关联性的增强，也在很大程度上展现了艺术市场不断拓展的深度与广度。与此同时，中国艺术品市场又必须直面全球性的金融危机，以及由金融系统向实体经济不断演化的危机蔓延，最终也不得不面对全球性经济衰退的险恶事实。

3. 分行业分析艺术品市场

（1）画廊。

画廊不仅仅将关于艺术品的"品赏"活动积极地发展为一种上流社会的时尚行为，同时还将有关艺术品的"鉴赏"结论有效地延伸为某种文化价值观。在此基础上，当代的专业画廊大多依托于当代艺术无限拓展的前卫性，从容扮演着新时尚、新流行的"发起人"角色，同时它也试图通过多样化的经营性行为，担负起将"圈子内"的价值认定逐步推广至社会性价值认同的责任，因此一个当代意义上的成功画廊甚至已经成为多种社会角色的"复合体"。

2006～2007年的中国画廊，其主要经营内容大致可以分为三大品类，即中国古代及近代艺术品类、中国现代艺术品类、中国当代艺术品类。在调研中发现，北京地区有68.4%的画廊经营中国当代艺术品，有24.7%的画廊经营中国现代艺术品，有6.9%的画廊经营中国古代及近代艺术品。由此可以看到，北京地区画廊在经营内容上，是以中国当代艺术品、中国现代艺术品为主流，尤其致力于中国当代艺术品的经营。

根据统计显示，北京画廊有近千家，其中有40%～50%的年销售额在100万元以下，20%～30%在300万元以下，10%～20%在1000万元以下，10%超过2000万元，只有个别超过1亿元。虽然光顾画廊的新客户日益增多，但大部分人的购买力仍然有限，即使在北京规模较大的画廊，标价七八千元的画一个月也未必能卖出一幅。大部分画廊经营者都表示，定价在5万元以下的画在北京最容易销售。中央美术学院艺术市场分析研究中心赵力主持的调查显示，从北京画廊的年销售额来看，40%在50万元以下，20%为50万～100万元，20%为100万～300万元，还有20%超过1000万元。虽然2006年中国艺术品市场的总成交额据称超过200亿元，但在红火的市况下，仍有70%的画廊处于亏损状态，只有10%

能够赚钱,显示市场的分化已相当严重。可见目前画廊业的发展步履维艰,在我国整个文物艺术品市场结构中是"功能缺失"的,这与拍卖市场形成强烈的反差。

除此之外,画廊还面临着一个问题,那就是过于商业化。798工厂是北京最早的当代艺术区之一,6年前这里因为一批艺术家的进驻而声名鹊起。但是由于不断上涨的租金,现在人们在这里已经很难看到艺术家的工作室了,数以百计的画廊成了这里的新主人,但真正的一流画廊为数极少,大多数画廊仍只是代销,通过赚取进销差价盈利。画廊就是要卖画,就是会商业,这也变成了不可回避的问题。

(2)艺术品拍卖市场。

艺术品拍卖市场,是一般意义上的拍卖市场的重要组成部分,其运作模式一方面与整体拍卖市场相类似,另一方面又因为经营艺术品这种较为特殊的交易对象而具有一定的特殊性。与由画廊经营、艺术品交易市场等主题所形成的一级市场相区别,艺术品拍卖市场形成了以稀缺性艺术资源和艺术资源再流通为目的的交易特点。

从一定意义上来说,文物艺术品拍卖几乎被当做整个中国文物艺术品市场的代称,成为文物艺术品特别是绘画流通领域的第一风向标。2006年北京市配合国家文物局当年审批的文物拍卖企业已经达到了31家,使北京文物拍卖企业总量达到了73家,增长率达到了73.8%。

中国艺术品拍卖市场上的拍量呈现进一步放大的趋势,北京2006年拍卖市场的总上拍量达到了89939个拍卖标的。其中书画作品的上拍量为44641个标的,占总上拍量的49%;瓷杂作品的上拍量为35746个标的,占总上拍量的40%;其余各门类为9552个标的,占总上拍量的11%。

随后的2007年中国当代艺术品已出现了井喷行情。2007年3月31日纽约苏富比举办的中国当代艺术品专场拍卖会,总成交额1323万美元,其中张晓刚单幅油画作品《同志》以97.92万美元成交。以此为契机,中国嘉德、北京保利、北京诚轩等拍卖公司都举行油画专场拍卖会,屡屡创下中国当代艺术品新高。这些拍品的高价成交对国内艺术品市场的发展起了重要的推动作用。

伴随着 2008 年的经济危机,艺术品市场普遍低迷,在萧条的艺术品市场环境和传统拍卖领域表现欠佳的情况下,传统中国书画艺术相对而言仍受热捧。

(3) 艺术博览会。

在近两年的艺术品市场中,拍卖过于火爆,艺术品的一级市场反而被忽视。而在 2006 年内地艺术品市场掀起了一股"博览会热",尤其是以画廊为首的一级市场组织了各种艺术品博览会、交易会。

2007 年北京举办了艺术博览会。博览会最早的原型是封建时期过年时的商业集市,作为艺术与市场的集大成者,艺术博览会是目前世界上规模最大的一种艺术品展示和交易活动,也是国际艺术二级市场除拍卖之外最大的交易形态。北京 2007 年艺术博览会以"艺术的未来"为主题,聚焦中国当代艺术的发展,受到社会各界和参展商、收藏家及媒体的关注,更使"二级市场"成为 2007 年中国文物艺术品市场的一个最大亮点。

如前所述,总体来说,2008 年的中国艺术品市场无疑延续了近年来持续发展的大势,在社会、经济、文化领域拥有越来越大的影响力,而参与人群的规模化、与其他市场间关联性的增强,也在很大程度上展现了艺术市场不断拓展的深度与广度。与此同时,艺术品市场又必须直面全球性的金融危机。金融危机影响着艺术品市场,导致 2008 年的艺术品市场普遍低迷,甚至导致当代艺术品泡沫破碎,但传统中国书画艺术相对而言仍受热捧。自 2008 年 4 月 6 日中国艺术品市场进入春拍之后,一直被视为泡沫的当代艺术市场首先破裂。当代艺术的"四大天王"——曾梵志、方力钧、张晓刚、岳敏君的 5 件作品全部流拍,部分作品甚至以估价的一半售出。在中国艺术品拍卖市场中,价格最能应付市场波动的应属瓷器和杂项拍卖。但 2008 年这部分的拍卖总额同样未能幸免"缩水"的命运,香港苏富比和香港佳士得双双出现下滑走势。相比而言,中国书画市场反而成为最稳定的市场板块。

具体而言,2008 年的中国艺术品市场可谓"先喜后悲",总体行情呈现"先涨后跌"。今年整个市场的下挫与不少传统买家退场有很大关系。像金融危机连累外贸出口行业,不少江浙地区民营企业家深受其害,京城拍卖会上就很难见到他们的影子了。《2008 胡润百富榜》前 20 位富豪拥有上市公司部分财富平均缩水比例达到 50.47%。作为这一"特殊奢侈品"主要投资者和消费者的新富阶层,因为资产缩水首先消化此类消费的投入,针对他们投资收藏的首选品类——当代艺术则显得更为直接和强烈。同时,可流入艺术市场的资金有限,进一步压制了这个市场。虽然我们并不否定艺术品市场所具有的某些不同于其他市场的"特殊性"因素,但是从目前的情况来看,艺术品市场毋庸置疑还是要受制于整体经济大背景的影响。

回望 2008 年市场的低迷表现,2009 年在金融危机的打击下艺术品市场形势更加严峻。不过这也可以从另一个角度促进中国艺术品市场的成熟。当前市场拍卖公司多,赚钱不多;拍品数量多,卖出不多;投机者多,藏家不多。金融风暴会迅速淘汰那些竞争实力差的企业,并对违反市场规则的人为操作行为做出惩罚,相信待这一波风平浪静之后,中国艺术品投资市场将趋于稳定,并迎来更加成熟的收藏群体。

(三) 消费者行为

本书以大众艺术品市场为例,调查了消费者行为的相关内容。由于不同的消费者关注的艺术品市场的领域各异,于是本文按照消费者感兴趣的领域把他们进行了分类。一类是古玩艺术品领域,代表市场为潘家园和琉璃厂;另一类是现当代艺术品领域,代表市场是 798 艺术区、中国美术馆和工艺美术馆。这两类艺术品领域的消费者无论是在消费行为还都是在消费心理上,都有各自不同并且区分度明显的行为模式,下面本书将基于这种分类,解析不同的消费者行为。

1. 消费者构成

总的来说,活跃在艺术品市场上的消费者分为两大类:企业和个人。其中企业购买艺术品,并持有以下购买目的:作为投资工具、满足企业高层个人需要或者是通过收藏避税。据不完全统计,在中国艺术品拍卖行业的总成交额中,国内企业的直接或间接投入已经占到 40% 左右。目前活跃在北京等各大拍卖会上的新面孔,70%~80% 都是企业家。

　　活跃在大众艺术品市场上的个人收藏家和艺术品爱好者是我们调查研究的主要对象,而除了购买艺术品的消费者之外,市场上还存在着广大的潜在消费者,这些潜在消费者由于资金的缺乏或是某种原因还没有实施购买行为。

　　图 6-44、图 6-45 说明了北京艺术品市场消费者的年龄构成状况。

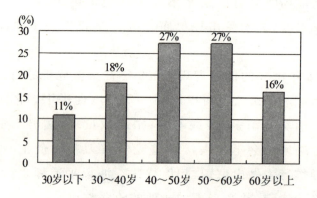

图 6-44　北京市古玩艺术品市场消费者年龄构成状况

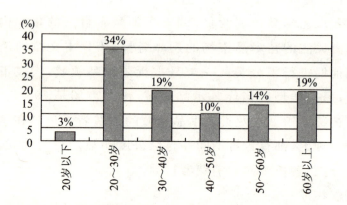

图 6-45　北京市现当代艺术品市场消费者年龄构成状况

　　在我们调查走访的北京主要的古玩艺术品市场中,高达 97% 的顾客都有在市场上购买古玩艺术品的经历。在这些消费者当中,最大的消费群体集中在 40～60 岁的中老年人群,并且以男性为主。而与此相反的是,在现当代艺术品市场上的消费者集中在 20～30 岁,而且男女比例很平均,有 83％的顾客有过购买艺术品的经历,消费者的比例相对于古玩艺术领域少了一些,这个数据表明在现当代艺术品市场,更多的潜在消费者还在持观望态度,并没有做出具体的购买行为。

艺术品投资是一个很特殊的投资方式,一个成功的艺术市场投资者必须具备以下三方面的条件。首先要有一定数量的资金,在国内艺术品投资的起步金额大概在 20000～50000 元,对古玩艺术品感兴趣的中年消费者大都有一定积蓄,而对现当代艺术品感兴趣的年轻消费者往往都是事业有成的高薪人士。其次要肯花一定的时间来弄清当下的艺术发展倾向,有一定的时间熟悉艺术家和他们的作品,了解艺术品市场的相关信息。最后要对所投资的艺术品有兴趣,使投资与艺术欣赏、个人爱好结合起来。

在古玩艺术品领域,40～60 岁的中老年群体因为有着稳定的工作或是已经退休在家,因此有很多的时间去了解艺术品市场,而手中也有一定的积蓄。值得一提的是,60 岁以上的中老年消费者也占到了接近 20％的比例,这些老人们大都已经退休,每月有固定的退休金作为艺术品投资的保障,他们大都将自己的爱好与艺术品投资结合起来,已经积累了比较丰富的个人欣赏鉴定经验,他们把艺术品投资看做一种最好的活动来充实晚年生活。比起上述的中老年消费者,在古玩艺术品市场的年轻消费者还是少数。他们大多是抱着随便逛逛的心理,很少有人是真正的艺术品投资者。比起中老年的顾客,这些年轻人对玉器的兴趣远远大于对书画和陶瓷工艺品的兴趣,抱着玩玩儿的心态,偶尔光顾北京的古玩艺术品市场。

在现当代艺术品领域,消费者集中在 20～30 岁,消费者年龄的年轻化,也正说明了现当代艺术品更加贴近时代、紧跟潮流,更加符合年轻人的审美观念。随着年龄的增加,消费者的比例逐渐减小,但值得一提的是,60 岁以上的消费者也有一部分,这部分消费者往往从事的是和现当代艺术品相关的工作,对这个领域非常了解,往往自己本身就是艺术家,因此能够保持着对现当代艺术品市场的关注。另外,市场上能够看到的虽然大多数是 20 岁以下的年轻人,或是游客或是艺术专业的学生,虽然人数众多,但这个年轻群体大多是闲逛的游客,通过朋友介绍或者大众传媒得知此地,目的仅仅在于参观游历,而他们其中的消费者少之又少,偶尔有些游客会购买一些廉价的小物件,因为没有足够的积蓄无法购买价格昂贵的艺术品,因此构成了绝大多数的潜在消费者。

图 6-46、图 6-47 说明了北京艺术品市场上消费者的月收入状况。

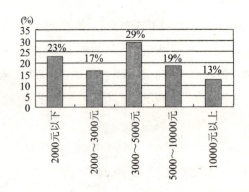

图 6-46   北京市古玩艺术品市场消费者月收入状况

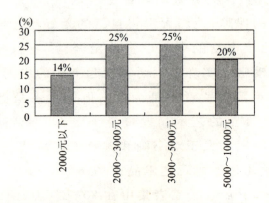

图 6-47   北京市现当代艺术品市场消费者月收入状况

根据调查显示,无论是在古玩艺术品市场还是在现当代艺术品市场,大部分消费者的月收入集中在 3000～5000 元,月收入在 2000 元以下的消费者次之,而月收入在 10000 元以上的消费者寥寥无几。这正说明了投资艺术品是需要一定资金作为前提条件的,而目前北京市大众艺术品市场上消费者平均的月收入只有 5000 元上下,投资消费水平普遍不高。

在古玩艺术品市场上,月收入 3000～5000 元的消费者占到了 29％,这个收入阶层的消费者大都有着稳定的工作和较高的收入,他们首先在起步资金上符合艺术投资的标准。值得一提的是,在艺术品大众市场上,普通的工薪阶层也是主力军之一。虽然他们的月收入在 2000 元以下,没有财力投资那些价格比较昂贵的艺术品,但是他们经常光顾低端的艺术品市场,像北京的潘家园古玩城就是他们常去的艺术品市场。这些工薪阶层大都对古玩艺术品非常感兴趣,一些价格便宜又具有艺术品投资和观赏价值的艺术品是他们消费的主要目标。另外,月收入达到 5000 元甚至在 10000 元以上的消费者占的比例分别达到了 19％和 13％,这些高薪的消费者虽然够不上艺术品收藏投资大家的标准,但在艺术品大众市场上就颇有一掷千金的风范,那些价格不菲的书画和陶瓷工艺品是他们消费的主要对象。

在现当代艺术品市场上,消费者的月收入则集中在 2000～5000 元。鉴于当下市场上的现代艺术品价格往往偏高,在这些消费者中,大部分人表示,自己还没有足够的财力购买心仪的艺术品,只能是以欣赏为主了。

2. 消费频次

北京市古玩艺术品市场的消费者对市场的光顾非常频繁,大部分消费者因为对古玩艺术品的兴趣浓厚,又是中老年朋友,有着大量的空闲时间和一定可以自由支配的资金,因而每个月至少去一次古玩艺术品市场消费,甚至有的消费者每周就会去消费一次,消费频率非常之高。至于其他的消费者,他们大都是抱着随便逛逛,或者是淘一两件瓷器以供家居装饰之用,因此这些消费者的消费频次比较低,也没有固定的消费模式,几年才消费一次的不在少数。

相比之下,现当代艺术品市场消费者的消费频次明显不如古玩爱好者那么高,一般的消费者都没有固定的消费习惯,有的几个月消费一次,有的甚至几年才消费一次。这些消费者一般只是在有新的作品面市或是行业内有特殊的活动这样的情况下才进行消费。究其原因有两个:一是关注现当代艺术品市场的消费者趋于低龄化,他们没有中老年消费者那样多的空闲时间,更多的时候忙于工作,没有时间进行消费;二是现当代艺术品市场能够做到推陈出新,大量优秀的艺术家在不断推出新作品,而古玩艺术品市场的消费品相对数量稳定,不会有大幅度的变化,因此消费者更倾向于以欣赏新作品为契机来到艺术品市场进行消费,而不是规律性地光顾。

3. 消费目的

根据调查显示,北京市艺术品市场上消费者的消费目的主要可分为以下四大类:第一类是对古玩艺术品有着浓厚的兴趣,购买艺术品做收藏投资之用;第二类完全是出于个人喜好,消费的目的是欣赏把玩,这类消费者通常不会特别在乎艺术品的收藏价值或是艺术品的真伪,只要符合自己的审美标准就会导致购买行为;第三类是馈赠他人,送给志同道合的亲朋好友或是赠送给商业伙伴以实现商业上的目的;第四类纯粹是为了装饰家居,提高生活品味。图 6-48 显示了这些消费目的分布比例情况。

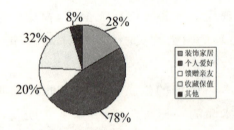

图 6-48　北京市艺术品市场消费者消费目的构成状况

在消费者的消费目的当中,比例最多的是出于个人爱好这个目的,选择这个目的的消费者达到总数的 78%。众所周知,艺术品这个行业比较特殊,因为艺术品的欣赏大部分依赖的是主观的感受,就算是一件艺术品专业鉴定的结果再好,收藏投资的价值再高,如果这件艺术品不符合消费者个人的审美观点的话,消费者还是不会购买的。正是因为艺术品行业的这个特殊性,出于个人爱好这个消费目的虽然带有很强烈的主观个人色彩,但在艺术品市场上是很正常的现象。因此我们不难理解为什么有着高达 78％消费者的购买行为中，都包含着出于个人爱好这个消费目的。

其他的消费目的，比如收藏保值、装饰家居、馈赠亲友等，所占的比例都不是很高。这个统计结果略微有些奇怪，因为按理说投资和收藏价值是理性的艺术品消费者所看重的几个比较重要的方面之一，而在大众艺术品市场的调查统计结果却显示，收藏保值这个消费目的所占的比重仅比装饰家居这个消费目的高 4％，要知道装饰家居以达到提高生活品味这个消费目的，在整体的艺术品市场的消费目的中所占的比例实质上是很小的。由此统计结果可以揭示出一个在大众艺术品市场上普遍存在的问题，那就是消费者本身的专业素质不高，还没有购买艺术品来进行一定的投资或是收藏的专业水准，有的消费者因为看不准艺术品的好坏真假而不敢轻易购买，有的消费者则是单纯地凭借个人的审美观点来挑选艺术品，因为不了解深层的专业知识而干脆不将收藏价值和投资价值考虑在内。

相比之下，有 78％的消费者将满足个人爱好作为消费艺术品的目的，我们可以推断出，当今大众艺术品市场上的消费者行为有一定的盲目性。他们更多地忽视艺术品的收藏效用和投资价值，而把精力放在满足自己的个人喜好上，而个人喜好则带有强烈主观色彩，是很不稳定并且容易受到外界因素影响而发生变化的，因此我们就需要大众传媒承担起在艺术品知识方面适当地教育消费者和正确地引导消费者的责任。曾经就有大众传媒误导消费者的行为发生：某著名电视台在报道中宣传了一位书法大手笔，特写镜头里的是这位书法大手笔又一次挥毫泼墨，而实质上这位自称书法大手笔的人是一位名符其实的书法骗子，书法五体一体都不会，全凭一张嘴胡吹乱说，以骗取消费者的信任。这样一期节目播出后，熟悉他的人都为之一笑，认为电视台在宣传上有点儿不负责任。用书画骗取钱财的事例很多，但作为新闻媒体应该严格把关，不能错误地引导消费者。

当然，也有一部分消费者，他们通常都是经验丰富，对自己所感兴趣的艺术品市场比较了解。对于占比 32％、以收藏或是投资为目的的消费者来说，他们需要花大量的时间和金钱来了解当下的艺术品市场趋势和相关的知识。这类消费者对艺术品的兴趣十分浓厚,经常到艺术品市场来消费,虽然其原因仍然是出于个人爱好,但是经过长时间的接触和摸索,这些消费者对艺术品已经形成了比较专业和全面的认识,他们大都把收藏和投资作为购买艺术品的目的。他们的年龄大都在 50 岁左右,大部分人已经退休在家,家庭负担不太重,因而自己有一定可以自由支配的钱和时间。他们因为经常鉴别和消费,已经有了丰富的经验,形成了一定的专业鉴赏能力,这也就是我们常说的"识货"的消费者。

在调查中我们接触到了水平各异的收藏和投资爱好者,在这些爱好者当中,有刚刚入门起步的爱好者,也有在这个领域多年资深的爱好者,甚至还有这个领域的教授。总的来说,刚刚入门或是对市场了解不多的爱好者占大多数,这些消费者确实对古玩艺术品很感兴趣,经常光顾各大古玩艺术品市场,但是他们手头的资金不太多,也没有专家对他们进行指点,只是依靠平时的一些相关的电视节目和书报杂志学习了解艺术品市场的相关知识,如果不是经过几年的摸索和尝试,是很难对古玩艺术品市场形成深入了解的。有些消费者在北京的古玩艺术品市场上摸索了几年之后,逐渐形成了一套自己的评价艺术品的标准和价值观;有的人甚至会拜中国古玩艺术品方面的专家为师,常年在古玩艺术品市场上摸索,这些消费者非常挑剔,并以鉴赏古玩为乐,一般的艺术品或是古玩仿制品都逃不过他们的眼睛。

另外一类消费者虽然占比 28%,也是很有代表性的一类人群。他们来艺术品市场消费纯粹是为了装饰家居,提高生活品味的需要。众所周知,在艺术品市场消费者可以购买到从瓷器到古典家具、从油画到摄影作品等种类丰富的艺术品来装饰家居,以显示房屋主人高雅的艺术品位。这一类消费者的主要购物目标是瓷器和油画,因为用瓷器和油画来装饰家庭,最能够显示出主人的品味和艺术造诣。这类消费者对这些艺术品的真伪好坏不是很在意,最在意的是艺术品的外形和图案是否精致、艺术气息是否浓郁。他们对艺术品市场非常不熟悉,几年都不一定来一次。而且这类消费者对价位十分敏感,只考虑购买低于预算的艺术品,这样抱着家居装饰目的来逛艺术品市场的消费者不在少数。

4. 消费者行为的影响因素

（1）价格的影响。

对于大众艺术品市场来说,价格必然是影响消费者行为的最大因素。一般来说,消费者对不同种类的艺术品有着不同的心理上的价格上限,图6-49统计了消费者对于单件艺术品能够承受的最高价格。

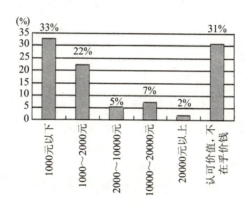

图 北京市艺术品市场消费者心理价位(单品最高)

调查显示,在北京的大众艺术品市场上,大部分的消费者购买力有限,他们更加青睐于价格低廉的艺术品。分别有 28％ 和 26％ 的消费者选择购买 1000 元以下和 1000～2000 元之间的艺术品,对于高价的艺术品,他们即使喜欢也是无力购买。有能力购买价格在 2000 元甚至以上的艺术品的消费者比例逐渐减小,能够承担 20000 元以上价位的消费者更是寥寥无几。这就表明了在北京的大众艺术品市场上,普通的消费者很难接受 2000 元以上单价的艺术品,价格太贵消费者就会放弃购买,价格对他们的影响很大。这里的原因至少有两个:其一便是这些消费者的资金不足,虽然喜欢但是没有财力购买;其二可能是消费者的资金状况足以支付万元以上的艺术品,但是由于对艺术品投资或者是收藏没有信心,于是根本没有花高价购买艺术品进行收藏或者投资的想法。

其中,值得一提的是,高达 27％ 的消费者认为,只要自己认可某件艺术品的价值,符合个人的审美观念和评价标准的话,就会购买,而不会在乎艺术品的价格。也就是说,在这一类消费者心中,没有一个明确的艺术品价格上限,因此他们更有可能接受档次偏高、价格偏贵的高档艺术品,也更有可能从事艺术品收藏投资活动。

　　(2) 收藏价值、专业鉴定、作者名气的影响。

　　除了价格之外,还有诸多因素影响着消费者的购买行为。其中最主要的几个因素分别是消费者的个人喜好、专业鉴定的结果、收藏价值的大小、作者名气的大小(见图 6-50)。

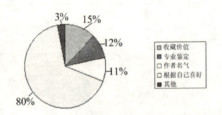

图 6-50　影响消费者购买行为的因素

　　先来说说占比 12％的专业鉴定水平,这个比例甚至要比收藏价值和作者名气还要小。由于当下艺术品市场中的商品真真假假,令消费者很难辨别真伪。然而,专业鉴定机构就能够帮消费者解决这个难题,但代价是消费者往往要花上价格不菲的鉴定费;另外就是我国还没有正规的鉴定机制和鉴定标准,这个真伪的问题往往因人而异,几个鉴定机构可能会得出不同的结论,有的就是错误的。以上两点原因就是为什么专业鉴定这条途径看似很专业,能够方便地帮助消费者鉴别真伪,但是却只有少数消费者选择依靠这个标准去评判艺术品的好坏并最终影响到个人的购买行为。

　　艺术品的收藏价值也是影响消费者行为的因素之一。虽然购买艺术品的消费者都希望艺术品在他们手中可以达到既能欣赏又可以收藏投资的作用,但不能忽视的一点是,当下艺术品市场的消费者整体水平不高,专业鉴赏能力较差,还远达不到收藏和投资所需要达到的水平,这些消费者对收藏价值的判断标准各异,往往不能做出准确的判断。根据调查,消费者对于自己对艺术品市场的了解程度打出了分数,在满分为10 分的条件下,消费者给出的平均分只有 5 分,这表明消费者十分清楚,自己对艺术品市场的了解还十分缺乏。因此只有15%的消费者选择将收藏价值作为自己消费艺术品的评价标准,不是因为收藏价值不够重要、不够权威,而是因为消费者无法针对艺术品的收藏价值做出准确判断,因此往往选择忽略这个影响因素。

同样,作者名气也对消费者的购买行为产生一定的影响作用。名家大手笔的作品往往会获得更多消费者的喜爱,而无名小卒的作品很容易被消费者所忽视。不过选择这个评价标准的消费者比例只占11%,说明消费者并不是十分在意作者的名气大小,最重要的是是否符合消费者个人的审美观念和评价标准。

在调查中我们同样发现,高达80%的消费者表示自己的喜好才是最好的判断标准,也只有符合了自己的审美标准才会导致自己艺术品的购买行为。这种判断标准有些主观,恰恰反映了当下古玩艺术品市场消费者行为带有一定的盲目性,因此如果商家能够抓住大众艺术品市场消费者的口味,并且制定相应的营销组合,那么就会吸引大部分的消费者来进行购买。

(3) 大众传媒的影响。

当下影响艺术品市场消费者行为的因素还有大众传媒的影响(见图6-51)。近年来,与艺术品相关的杂志、期刊和电视栏目越来越多,《收藏》、《宝藏》、《收藏家》、《收藏界》、《中国收藏》等期刊、中央电视台经济频道的"鉴宝"节目等电视栏目,都给消费者提供了更多的了解艺术品市场的平台。据调查,其中影响消费者行为最大的当属实体的艺术品市场、书籍、电视栏目和朋友介绍,而互联网、博览会、拍卖会等方式并没有太多地受到消费者的青睐。前面已经提到过大众传媒应该正确地教育和引导消费者,尽量做到严格把关不要误导消费者的问题,目前的艺术品市场消费者从大众传媒获取的相关信息越来越多,这也就要求媒体对此有更加严谨的态度。

5. 消费心理

北京的艺术品市场规模大、客流量大,如潘家园、琉璃厂、798、工艺美术馆这样的艺术品市场的市场定位和艺术气息在消费者心中已经烙下了深深的印记,频繁的光顾表明消费者对这些市场的忠诚度很高,消费者对北京众多的艺术品市场整体还是比较满意的。

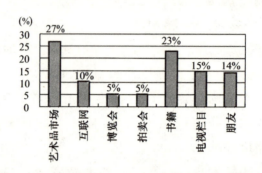

图 6-51　北京市艺术品市场消费者资讯来源构成状况

（1）关于价格。

消费者对价格有着不同的看法。其中有些消费者对价格十分敏感,他们看待价格远比艺术品的价值更为重要,这是因为这部分人群的资金情况不是很理想,没有太多的财力支持,因此在价格上斤斤计较也可以理解,这样的消费者所占的比例很大。还有另外一类消费者,这类消费者普遍对艺术品的价格不太在意,这一方面是因为某些艺术品市场,比如说像潘家园这样的大众化艺术品市场,市场定位是偏低价的,是以古玩仿制品居多的低端古玩艺术品市场,因此价钱往往不会太高;另一方面是因为这些消费者由于有一定可以自由支配的资金,加之对艺术品的兴趣十分浓厚,认为只要自己喜欢,符合自己的审美标准,价钱贵一点儿也无所谓,但这样的消费者所占比例不大。

因此,对于大多数消费者的消费行为来说,价格是非常重要的影响因素。商家在制定艺术品价格的时候,要充分考虑到持有不同心理的消费者和他们可以接受的价格上限,制定合理的价格,才能够把艺术品市场推向更加繁荣的未来。

（2）关于仿制品。

仿制品的问题一直是艺术品市场内争论不休的话题,尤其是在古玩艺术品市场上,仿制品的泛滥让人担忧。对于潘家园这些以古玩仿制品为主的市场,消费者都心知肚明,虽然有很多人坚决反对购买仿制品,但还有大部分的消费者并不太在意是真品还是仿制品。只要店家实话实说,明确艺术品的真正来源,消费者对仿制品还是持宽容态度的。一些做工精致、图案细腻的仿制品,只要符合消费者的口味,在市场上同样也是大受欢迎。有相当一部分消费者不排斥仿制品,因为仿制品中也有做工精良的高质量艺术品,同样值得购买。但是,有些消费者对艺术品的质量追求很高,他们更倾向于走高端路线、以真品为主的琉璃厂,相比之下,这些消费者不喜欢潘家园独有的地摊文化,而是更看重琉璃厂的品质保证和琉璃厂的名声。

(3)关于消费心态。

喜欢、把玩、收藏,这大概是所有爱好艺术品的人们所共同喜爱的事情。和有经验的朋友一道穿梭于艺术品中间,切磋、交流有关艺术品的心得,虽然可能不是专业出身,但是那种艺术的氛围和高雅的品位,不知不觉地提高着消费者的素质。

但是,这种素质还不够高,我们需要正视中外艺术品消费者在个人素养上面的差异。许多现代艺术品的消费者都是以外国顾客为主,而店家也更倾于同这些人做生意。问其原因,很多中国顾客购买艺术品的动机不纯,中国艺术品市场越来越商业化,越来越不纯净,导致了整体艺术环境的逐步恶化。在这个大环境下,中国艺术品市场现存的一个重大的问题就是消费者购买的动机不纯,消费心理不健康,大多数消费者购买之后都是很快转手投资,心态非常的功利,丝毫体现不出欣赏艺术的品位。再加上画家让学生代画而自己只是署名,加上拍卖行业普遍存在的卖假画假货成气候的严重现象,艺术品定价趋于虚价,过于泡沫化。总之,中国现在的艺术品交易市场是相当的不规范。而外国的艺术品市场相对而言就好得多,消费者会向画家说明自己买画的单纯目的,不是自己收藏,就是拿来赠送大学之类的机构,消费心理非常单纯。

6. 消费者眼中的艺术品市场

经过对消费者的调查,我们总结了几个在消费者眼中当下艺术品市场存在的主要问题(见图6-52)。首先,有33%的消费者认为艺术品市场还不太规范，比如说著名的潘家园地摊文化，近些年来规范了不少，市场内增添了固定摊位，加强了统一管理，但是消费者们普遍认为，艺术品市场还是应该继续规范下去。其次，有 33%的消费者认为艺术品市场发展过于商业化的势头，破坏了艺术品市场的艺术气息，阻碍了专业化的发展，消费者认为，艺术品市场应该向更加专业化的趋势发展，避免过于商业化。其中，有 33%的消费者对艺术品市场的混乱现状十分不满，他们认为过于混乱的原因很大一部分是因为缺乏政府的有力监管，并且对政府扶植力量不够的现状表示了不满。

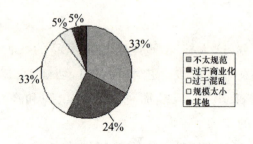

图 6-52　消费者看当下艺术品市场

另外，消费者对市场上缺乏较权威的价值认证体系发表了自己的见解，中国的艺术市场还没有形成较为完善的体制，没有统一的评价标准，市场在刚形成过程中缺乏系统性，混乱不成形，对于艺术品市场这一新领域，消费者过于另眼相看、过于追捧，甚至成为热门的投资行业。国内国外企业的商业运作，频繁出现炒高价钱的行为，以及拍卖交易当中不规范有一定猫腻，这使真正收藏家或爱好者望洋兴叹。实际上看，距离纽约这样发达的艺术中心还需要走很长一段路。总体来说，不确定的价值估量是让整个艺术品市场尤其是迅速崛起的当代艺术品市场扑朔迷离的重要元素之一，而这一点需要更多的市场规范化及透明化，未来还需要走很长的路。

（四）对北京市艺术品市场、企业发展建议

基于以上研究，我们得出了进一步的看法及建议，主要分两大类：一

是市场发展改善策略;二是消费者情况及企业可针对的发展策略。

1. 市场发展改善策略

（1）依法治理为基本。

建议管理者当局大力推广"统一规范化"标准。例如像艺术品评估委员会等,这样的机构尽可能多地覆盖到各种艺术品的鉴定,吸纳各方专业人士集中于此达成一个"统一标准"的共识。然而,众所周知,艺术品鉴定是经验方法而非"科学方法",主观的个人判别就容易形成仁者见仁、智者见智的局面,这种只可意会不可言传的判别方法自然会存在争议,这样"统一标准"的实施也许存在一些问题。但是总是认为没有作用,总报以怀疑的态度而去研究所谓"更好的方法",更甚者把有效治理赝品视为"神话"的看法,这些无疑都是坐以待毙、自怨自艾。不管怎样,在现今这个视赝品如洪水猛兽的艺术品市场中,在混乱不堪、怨声载道的情况下,能够推广一个准"统一标准化"也不失为一个能起到进步作用的办法。无须追求根治,一步到位,循序渐进地维持一些市场秩序,较为现实来讲,就应该在解决一部分问题的同时再不断完善。

（2）推广"统一标准"。

推广"统一标准"是目前在我国处于发展阶段的艺术品市场中比较有效的办法。从收藏消费者方面来讲,一定程度上可以让他们对市场有较大的信心,"统一标准"作为后台支持,消费者会感到心里踏实,遇到问题可以有章可循,消费者信心的提升将是市场整顿中重要的一个目标。像2009年8月24日新出台的《文物认定管理暂行办法》,允许公众书面申请认定文物这一措施,就是向推广"标准"又迈出了一步。

另外,从艺术品作者方面讲,可以提供给一个交流反馈的平台,专家、学者、作者可以公开讨论。即使颇有争议也能给大众一个了解"存在争议"真相的权利。

方法的有效性关键在于执行能力,所以推广"标准化"的同时在评估委员会内部建立严格的监督机制,让评估鉴定过程严格按照相关程序进行,对市场管理产生立竿见影的促进作用。

（3）加强市场法制建设与监督。

完善艺术品相关法规法律的制定,消除质疑。同时严格加强操作执行性,否则将形同虚设。因此当务之急是从上到下规范市场,责任制监督。对市场、拍卖公司的监督,工商局和文物局负有责任,要对为牟取暴利,销售以真品视人的赝品等行为加强监督,违者给予严厉查办。让法律切实有效地起到威慑作用,形成法制"风气",这样可以让收藏消费者能敢于维护自身权益,售假者也就闻风丧胆、退避三舍。

(4) 规范市场模式。

1) 建立以画廊为主的市场经营模式。

从市场角度看,画廊属于一级市场,拍卖行属于二级市场。如今国内市场画廊普遍受到怠慢,冷冷清清,大多受资金流影响勉强维持。而身为二级市场的拍卖行却异常火爆,大众关注度极为灼热,拍卖的价格不断刷新记录,让人瞠目结舌。由于一级市场不完善导致这样的一反常态,而这样的非常态又会恶性循环地导致市场机制更加不稳定。所以建立正常市场秩序,完善一级市场以画廊为主的整体经营模式才能保证市场长期合理稳定地发展。突出画廊在市场的作用有以下三个优点:

首先,在价格方面,国内艺术品市场起步较晚,但随着我国人均生活水平的提高,加上外国投资者的热钱涌入,使得艺术品市场如雨后春笋般迅猛发展。欲速则不达,市场的发展速度跟不上资金的大量涌入速度,自然就会立刻把襁褓中的市场催起了泡沫,主要表现之一就是拍卖中失控的价格飞涨。过高的价格不一定是好事,它让很多真正懂艺术的收藏者望而却步。因此要把画廊推到主要位置上来,在画廊中,可以由艺术家和评论家共同价格定位,在市场中形成一定的共识后,最后通过营销的方式进行出售,显然画廊这样的经营模式不会像拍卖那样大起大落,易于形成稳定的艺术品价格,给予收藏消费者一个非价格为主导的艺术氛围。

其次,可以正确引导大众,获得社会影响力。在拍卖过程中炒作成分会较大,在缺少艺术交流的氛围下,大众易受这些炒作及相应媒体的影响,争先恐后盲目竞拍导致一些作品价格骤然飙升,但这样的天价却筑起了一道壁垒让很多喜欢而想买画的人望而生畏,从而使交易量不会很大。

最终拍卖很可能演变成为少数有钱人的游戏,渐渐会脱离大众的视线,这样的高价艺术却未能得到大众的欣赏,也实在是有碍大众为主体的艺术市场发展。所以需要扶持画廊的发展,这样能保持艺术品出现在大众的视野,给予艺术家、大众爱好者及评论家一个公开的平台,欣赏、交流并可以提高大众鉴赏能力。这样,稳定的价值提升才会让人信服。在艺术品市场中逐渐培养形成的良好价值观会对社会意识及文化产生重要的影响。

最后,减少私下交易。由于国内市场不够成熟,很多艺术家倾向于直接出售作品,因为可以减少中介的费用,不需纳税,从而达到利润最大化。然而并非如此,没有进入规范市场交易不仅是偷税问题,实际却更能伤害到艺术家自己。猖獗的私家交易难以监督,很多投机者在艺术家和中介机构中间游走,贱买高卖,频繁倒手,尤其是新艺术家更难以发展,经济和精神上受到双重打击。所以一定要以阳光一级市场为交易主体,公开透明,秩序规范,利于监督。

综上所述,一级市场的完善发展是规范市场中一个亟须解决的问题。

2)整顿画廊及拍卖公司,便于统一管理。

艺术品市场格外火爆,巨额利润吸引更多企业机构,但僧多粥少,很多规模小、资金人才都缺乏的企业在市场中重复建设、恶性竞争,内部损耗都较为严重,这样实属资源浪费。林子大了,难免有些鱼目混珠的企业从中唯利是图,监督管理执行不到位,盘根交错的混乱市场秩序不利于市场成熟发展。因此需要国家政策调节,用这只看得见的手及时调控,行业兼并收购也不是不可取,甚至可暂由国家控股,待秩序井然时再像其他行业那样逐渐放松全权转为民营。

2. 消费者情况及企业可针对的发展策略

(1)提高消费者自身艺术素质。

艺术品是高雅的业余爱好,也是专业性、学术性、实践性很强的科学活动,除了利益的驱使,消费者更需要有一般的专业知识,同时更需要一定的文化修养。提高素质的同时,也应提高风险意识,收藏价值是一个不得不考虑的因素,风险和回报是分不开的,所以,消费者对于艺术品的价值要有更多风险考虑,包括时效风险、流动风险以及安全风险等。

　　针对以上情况,相关企业自身需要树立一个诚信榜样,优秀的企业应对艺术市场及大众有一定的责任感,所以一方面,要加强培训挖掘人才,各个领域人才都是最稀缺的,获得大量人才可为艺术品市场的发展壮大储备有生力量。另一方面,可以开通多种渠道,比如建立更多互联网艺术知识网站或开展讲座,这样既能普及艺术专业知识,提高大众素质,又能同时做一些营销和宣传。这样既为市场和社会做出了贡献,又能从中受益,真正能够实现企业价值。

　　(2) 加强艺术家与消费者的沟通交流。

　　在调查中,有相当数量的消费者渴望和作者直接沟通。因为消费者有时在购买艺术品尤其是新生代艺术家的作品时,会更多关注该艺术家的艺术理念以及其是否具有潜在发展的能力。更多的交流可以帮助消费者理解艺术,获得精神上的享受。交流亦可以帮助很多新兴艺术家为大众所熟悉,提高知名度,有所了解就容易卖出更多的作品,艺术家经济上将受益匪浅。

　　如今信息时代这样的想法是可以实现的,目前,国内还没有艺术品类门户网站,该市场缺少有一个像"阿里巴巴"这样交流及交易的平台,一方面建立完整的艺术家网络群,另一方面开拓大众市场。艺术家及画廊等中介机构采取实名登记制,将作品公布在网上,供消费者欣赏或购买。这样的方法在推动规范市场和公平交易的方面还是可取的。

　　(3) 针对潜在消费者。

　　调查中,我们发现在现当代艺术品市场更多的潜在消费者还在持观望态度,并没有做出具体的购买行为。主要原因是价格,中国现当代艺术品发展还在萌芽中,虽然经济腾飞的今天大家有更多的金钱追求文化精神上的享受,但盲目抬价试图与世界"接轨"是不可取的,至少评论家们对中国现在艺术的定价都是负面评价。新兴事物本身是需要时间和价值共同来决定其在市场的接受度的,所以企业机构及艺术家对于现在艺术的定价还应以迎合消费者心理为基础。

　　调查中消费者购买艺术品更多是偏向于个人喜好。由于艺术品这样特殊的商品,消费者在购买中基本是主观去认识判断的。并且不同的消费群体有相应一致的偏好,按年龄分层较为明显。另外,定价中不应超出消费者心理价位太多,毕竟消费者对于价值和价格的判断还不够清晰,对于不了解的事物,人们通常是不愿意去冒险亲近的。

第七章　结　　论

根据上述对各服务行业的具体分析,我们得出以下结论:

(1)信任的维度、来源及表现形式。在文献回顾中我们看到,在前人讨论信任概念的过程中,大多将信任以多维度概念来表述。基本上,心理学对信任维度的区分包括一般性信任、情感性信任、可靠性、可依赖性、可信等,或者将可信(trustworthiness)进一步分离出胜任(competence)和可依赖性(responsibility)。而经济学研究中将信任的维度大多分成信用(credibility)或能力(competence)和善行(benevolence)两个层面。可信(trustworthiness)与可靠(reliability)的含义有一定的差异。在消费领域的服务质量概念中,可靠(reliability)是测量服务质量的一个重要维度,这里的可靠包括服务结果的一贯性和可依赖性。它意味着企业会在第一时间提供正确的服务以及企业以其承诺为荣。在信任概念中的可信(trustworthiness)是指被信任者能够让人产生信任的一些特征,其中包括被信任者的能力、善行以及正直、问题解决导向等因素。这里的可信包括交易一方实现承诺的能力、为对方着想、努力解决问题等因素,意味着交易一方可以实现承诺并且为实现承诺而努力。信任的维度始终是一个待解决的问题,本书对信任的问题设计仍然遵守前人研究的基本框架,并没有得出更新的信任维度。

信任的来源可以从文献中得到相应的解释,从社会学对信任的研究中发现,信任的产生存在着不同解释,每种理论都有一定意义但也同时存在缺陷。

现有研究信任的理论来源主要是社会学的信任理论,在社会学的六种信任理论基础上,管理学以此为依据对消费领域进行信任研究。社会学的六种理论分为利他性信任、信任文化论、信任的认识发生论、信任的理性选择论、信任的制度论以及信任的道德基础论。消费领域中消费者的信任来源也不外乎于此，人们对企业或企业生产的产品/服务产生信任的根源来自人类本身对他人的可信度判断。

信任有多种表现形式，或者说信任是分层次的。从社会学研究角度来看，对信任的研究可以分为一般信任与特殊信任、对自己人的信任与对陌生人的信任等。从管理学的研究角度来看，可以将信任分为对企业管理政策和管理实践的信任以及对一线员工的信任、对销售人员的信任和对店铺的信任等。消费者在评价企业和企业的产品/服务时可能持有不同的态度：有些人对企业所提供的产品/服务表示信任，但对企业本身、企业的管理政策、企业一线员工等表现出不同的信任程度。

（2）不同服务行业顾客信任的差异及原因。从本书的调查结果来看，不同服务行业的顾客信任程度存在一定差异。消费者对提供服务的企业存在品牌、档次、国别等方面的差异判断，因此，也表现出不同的信任度，这在传统服务业和现代服务业以及新兴服务业中都有类似的表现。

在餐饮行业，顾客信任度最高的是中式快餐类的餐饮企业，其次为中高档餐馆，路边摊的消费者比较复杂，喜欢特定品牌小店的消费者信任度很高，而不喜欢的消费者信任度则很低；西式快餐的消费者与其他几类餐馆消费者相比信任度则偏低，这与表面上西式快餐店的兴隆并不相符。

餐饮企业的顾客信任状况出现明显差异，与该行业自身的特征有密切联系。餐饮业本身是一个充分竞争的行业，企业数量众多，消费者数量众多，消费者的偏好不同而且容易改变，因此，在选择的过程中容易产生背离。并且，餐饮企业的品牌效应明显，即使是路边小店，有品牌的店铺也会赢得众多消费者的光顾，更不用说拥有较好声誉的中高档餐馆了。

对于现代服务业来说，各类企业的顾客信任度表现不一。金融企业的顾客信任度和忠诚度比较高，这是因为我国金融服务企业类似于垄断行业，尽管服务过程中顾客会遇到很多问题，但是由于没有太多选择，顾客只能在接受现有服务的基础上促进企业改善服务水平。当金融企业在服务方面做出提升时，顾客很容易就满足于这种提升，也因此对企业更加信任。

对于新兴服务业来说,由于发展时间不长,有些行业的商业化并不充分,国外同类产品的有力冲击等原因使得该产业的消费者对国内产品的信任度和忠诚度都不高。在电影产业中,顾客对电影院线的选择没有太多心理上的预期,因为各院线的硬件设施差别不大,所以顾客没有表现出很强的忠诚度。不过,对于相当多消费者来说,到电影院看电影更有感觉,他们更喜欢到电影院欣赏大银幕而不是购买 DVD 或在网络上观看。从这个角度来讲,消费者对于中国的电影产业还是充满信心的。而且,从最近两年的电影票房来看,国产电影的票房要超过进口大片,这从侧面说明国人消费者对中国电影的信任度在不断提升。

在动漫产业中,顾客对国产动漫产品的信任度和忠诚度均处于比较低的水平,这与该行业还没有得到大力发展有一定的关系。国产动漫产品在制作、发行等方面仍然处于起步阶段,因此消费者对国产动漫产品的偏好度不强。不过,由于国家产业政策的调整,动漫产业开始出现明显的发展,更多消费者对国产动漫有了进一步了解,随着这种了解的加深,消费者对国产动漫产业也将会更有信心。

(3)各服务行业顾客信任与选择之间的关系。顾客信任与顾客选择之间的关系表现为以下几种:顾客保留(忠诚)、转换、投诉和正面口碑。在本书调查的几个服务行业中,除投诉行为外,其他三种顾客选择都存在相应的表现形式。

在餐饮行业中,除西式快餐的顾客信任度与顾客忠诚度略微有些差异外,其他三类餐饮企业的顾客信任度与其忠诚度均表现为相匹配。中高档餐馆的顾客信任度表现为中等程度,其忠诚度也是中等,顾客在就餐过程中对饮食及环境的要求比较高,一旦餐馆服务出现问题,顾客的信任度随即呈现下降趋势,并且显著影响其忠诚度。路边小店的信任度和忠诚度也呈现一致走向。喜欢路边小店食品口味的消费者信任度与忠诚度都很高,相反则比较低。中式快餐的消费者信任度与忠诚度都呈现出偏高的现象,主要原因在于中式快餐集合了上述两种餐馆的优点,因此获得了顾客的信任和忠诚。西式快餐则表现为信任度中等而忠诚度较低,主要原因在于西式快餐的光环已经退却,人们对于食品本身表示信任,但对企业的本地化策略则并不认同，这与信任层次中对企业的策略和对产品本身两个层次可能出现不同的信任表现是相符的。

在金融服务行业，虽然消费者对银行服务有很多意见，但总体来看，顾客信任度比较好。但从顾客内心来看，忠诚度却有待商榷。消费者虽然行为上选择国有商业银行或具有良好口碑的民营银行，但如果国际银行进入中国金融市场的限制被完全打破的话，相当多的消费者会选择离开现有银行。在银行服务中，顾客信任与顾客忠诚并不保持一致。

在电影产业，去电影院看电影的消费者对于特定电影院的选择没有特殊要求，只要是交通便利、影片更新速度快就可以。对于影院的硬件条件，消费者一般都表示信任，相信影院能够提供观影所必需的条件。由于北京的影院条件较好，尤其是新建成的影院，硬件、软件条件都比较好，因此顾客的信任度也比较高。但是从忠诚度角度来看，由于各影院差异性不明显，观众可选择的影院比较多，忠诚度得分并不高，顾客可以随时随心情转换电影院。

在动漫高科技产业，消费者对国产动漫的信任度较低，普遍认为国产动漫产品质量较差，制作粗糙，情节创意较差，不如日本动漫产品。动漫产品的传播靠口碑形成，消费者购买动漫产品或观看动漫作品受口碑影响很严重。尽管国产动漫已经有了很多具有代表性的产品，但是顾客的忠诚度很低，口碑也较差。两者相互作用的结果使得国产动漫的发展仍然处于"瓶颈"状态，反而使日本动漫中的经典角色更具竞争力，消费者对其周边产品的忠诚度也更高。

在艺术品行业，消费者对艺术品本身的价值认识比较深刻，或者通过自身的修养，或者通过专家的鉴定，因此对艺术品的价值充满自信。但是，对于艺术品交易的场所，消费者的认知则有所不同。在北京的艺术品市场中，消费者对潘家园之类的古玩市场并没有很高的信任度，因为此类市场充斥假货，若想买到真正有价值的艺术品，需要消费者具有火眼金睛。而在艺术品的二级拍卖市场，可信度则大大提升。大型拍卖市场的艺术品均经过专家鉴定，因此，消费者可以放心抢拍。在两类市场上，均存在忠实的消费者。因为消费者的需求不同，在古玩市场只是满足个人爱好或小规模收藏,花钱不多,因此吸引了大量喜好古玩的老客户。在拍卖市场上也同样如此,很多艺术品的买家都是拍卖市场的常客,新的消费者还需要时间适应拍卖市场的规则。

(4)对北京市不同服务企业的营销对策及管理建议。通过对北京市不同服务企业的顾客信任度与顾客选择行为进行研究,我们为各类服务企业提出相应的营销对策及管理建议:

首先,对于北京市的传统服务业,应当加大力度开发原有品牌,使其不断发扬光大。在餐饮行业中,北京的老字号和风味餐厅备受消费者青睐。这些老字号有很多属于路边小店,但是由于历史悠久,品牌声誉良好,消费者非常愿意在这类餐馆消费。这与我们调查的结果是相匹配的。其他类型的餐饮企业也都在北京表现出持续提升的势头。为此,我们建议从事餐饮服务的企业在保持其品牌声誉的基础上,继续完善服务,调整上菜流程,让消费者在就餐时的等待时间大大缩短,这样就能在一定程度上保证忠诚客户不会流失。

其次,在现代服务业中,相对发展比较完善的银行服务仍需努力。尽管银行服务的顾客信任度较高,忠诚度也比较好,但是内在管理方面的问题还是很多。银行需要不断改善服务流程,完善企业的软硬件设施,增加营业网点,推出新型理财产品等,才能在与外资银行竞争中赢得有利地位。毕竟,中国银行业的消费者其忠诚度仅表现为行为忠诚,在情感的认知上还比较差。企业需要真正让消费者意识到在国内银行接受的服务是最可靠的,才能提升他们的情感忠诚度。

最后,在新兴服务业中,处于发展初期但发展势头迅猛的电影、动漫和艺术品行业,需要抓住发展机会,了解本行业中消费者的真实需求,不断推出新的产品,才能让这些行业迅速得到提升。这些行业的产业化程度还不高,资本的力量还没有得到充分体现。因此,需要国家的大力扶持。在电影和动漫产业,需要企业不断创新,提升国产原创产品的竞争力。在营销手段上,借鉴国外同类行业的先进经验,如好莱坞电影以及日本动漫产品的营销方式,将国产电影和国产动漫作品推出去,不仅在国内赢得口碑,也要在国际上占领一席之地。在艺术品行业,需要国家出台政策规范此行业,培育具有专家素质的消费者,让艺术品收藏、拍卖以及流通过程更加合理。

　　总之,不论是传统服务业还是现代服务业以及新兴文化产业,来自消费者的声音是非常重要的。抓住消费者的需求,了解消费者到底想要什么,他们的消费心理以及消费习惯,是从业企业迫在眉睫的工作。

附录一　动漫产业深度访谈问题

1. 你是如何理解动漫或动漫产业的？
2. 接触动漫的时间和方式？
3. 你喜欢的动漫作品或人物有哪些？买过的相关动漫产品有哪些？
4. 你为什么喜欢动漫？
5. 谈谈你对动漫产业发展状况的看法？（可以区分国籍来谈）
6. 请你预测一下未来中国动漫产业的发展。
7. 通常你会在哪里买动漫产品及获得最新的动漫信息呢？
8. 动漫相关产品的实用性，你是怎么看待的？
9. 能简单分析或描述一下你对于动漫的消费心理吗？
10. 依据个人情况做补充。

附录二　动漫产业消费者调查问卷

亲爱的女士(先生):

您好。为了了解中国动漫产业消费者的情况,恳请您在百忙之中抽出 5 分钟左右的时间完成下面的调查问卷。调查是匿名进行的,您所提供的调查结果将用来进行数据分析,填写问卷表中的所有信息,我们会严格保密,请不要有所顾虑。衷心感谢您对本次调查的支持!

第一板块　有关动漫的问题

1. 您平均关注动漫相关事物的频率?

□每天　　□一周两到三次　　□一个月一次　　□几个月一次　　□不关注

2. 喜欢哪种类型的动漫(挑选其中四个按喜欢程度排序)_____。

①爱情类　②科幻类　③格斗类　④生活类　⑤校园类　⑥推理类
⑦恐怖类　⑧体育类　⑨其他

3. 你喜欢动漫的原因有哪些?(可多选)

□休闲娱乐,丰富课余生活　　　□作品中的人物设计好看
□动漫中的歌曲好听　　　　　　□在现实中无法见到的题材
□剧情真实感人　　　　　　　　□人物塑造有性格和表现形式特别
□结交有共同爱好的朋友　　　　□一种贴近时代的表现
□时尚的趋势　　　　　　　　　□其他

4. 您更喜欢哪种表现形式的动画?

①□二维动画　□三维动画(最终幻想、玩具总动员)
②□手绘动画(火影、天空之城)　□电脑合成动画
③□传统动画(木偶、剪纸动画)　□现代动画

5. 看动漫时您更注重哪个方面(按注重程度排序):_____

①情节与内容　②画面质量　③音效　④作者　⑤顺应潮流

⑥其他

第二板块　有关动漫产品的问题

1. 您是否有消费动漫创意产品的经历？（例如：买动漫产品、看动漫杂志、漫画等）

　　有……………………………………请从第 2 题回答

　　没有…………………………………请跳转至第 12 题回答

2. 您喜欢哪些类型的动漫产品？（可多选）

　　□动漫杂志　　□漫画书　　□动画片　　□动画电影　　□CD/DVD 光碟

　　□装饰品（如挂件、模型、贴画等）□日用品（如文具、徽章、床上用品等）　□动漫玩偶　□动漫人物模型　□游戏

　　□服装　　□其他

3. 您购买过哪些类型的动漫产品？（可多选）

　　□动漫杂志　　□漫画书　　□动画片　　□动画电影　　□CD/DVD 光碟

　　□装饰品（如挂件、模型、贴画等）□日用品（如文具、徽章、床上用品等）　□动漫玩偶　□动漫人物模型　□游戏

　　□服装　　□其他

4. 您通常会在哪里买动漫产品？

　　□大型动漫城（如崇文门搜秀动漫城）　□动漫小店　□动漫街（如 77 街）

　　□动漫展　　□报刊亭　　□网络　　□杂志

5. 你通过什么渠道获得最新的动漫信息？

　　□同学、朋友推荐　　□网络　　□相关论坛　　□报纸杂志或宣传品　□电视

　　□动漫店　　□其他

6.① 您对 Cosplay 比赛的看法：□极喜欢　　□喜欢　　□无所谓 □不喜欢

　　□极不喜欢　□不了解是什么东西

② 您对动漫手绘比赛的看法:□极喜欢　□喜欢　□无所谓
□不喜欢

　□极不喜欢　□不了解是什么东西

③ 您对模型比赛的看法:□极喜欢　□喜欢　□无所谓　□不喜欢
□极不喜欢　□不了解是什么东西

7. 您购买过的动漫产品费用总计约为多少?

□1~99元　□100~999元　□1000元以上

8. 您对所购买动漫产品的喜爱程度?

□非常喜欢　□还可以　□一般　□不太满意

9. 您购买动漫产品的个人意愿最主要来自于哪些方面?

□娱乐爱好　□打发业余时光　□纯属好玩　□心血来潮　□其他

10. 在消费动漫相关产品时,您看重以下哪些因素? (可多选)

□产品价格　□产品实用性　□产品做工质量　□产地(是否是原版)
□以上均不考虑,自己喜欢就买　□其他

11. 您所购买的动漫产品中,中国动漫产品所占整体的比重约为__
____%。

(回答完此题后请跳转至下一板块继续答题)

12. 您身边有亲人或者朋友购买过动漫产品吗?

□有很多　□一部分　□很少　□没有

13. 您认为您未来会成为动漫创意产品的消费者吗?

□可能会　□不会　□不知道

14. 您自身是否持有过附带动漫元素的物品呢?

□经常有　□有过一些　□有过一点　□没注意到过

(请继续回答以下题目)

第三板块　有关动漫产业的问题

1. 您认为本土化的动漫产品是否会不断扩大消费市场的份额?

□一定会　□有一定可能　□不会

2.您对国内原创动漫的看法:

□不错,加以支持　□进步明显,加以支持

□水平有限,无所谓　　□引进,不要发展

3. 您认为国内原创动漫发展不足的原因(多选):

□发展时间短,产业不够成熟　　□缺乏特色,以模仿为主　　□缺乏良好的创作团队　　□题材狭窄　　□制作粗糙　　□配音问题　　□作品针对年龄层较小　　□从业人员太少　　□不注重青少年对动漫的需求　　□体系和政策问题　　□盗版过多　　□缺乏资金　　□扶持力度不足　　□其他

4. 您喜欢哪个国家或地区的动漫及大致原因?(可多选)

□中国　　□日本　　□欧美　　□其他

原因:中国:_____　日本:_____

欧美:_____　其他:_____

5. 您对我国的动漫产业发展还有什么感想和建议?

_____

第四板块　个人信息

1. 您的年龄:

□12 岁以下　　□12～18 岁　　□18～22 岁　　□22～30 岁　　□30 岁以上

2. 您的性别

□男　　□女

3. 您的月收入(或经济来源):

□300 元以下　　□300～600 元　　□600～1000 元　　□1000～2000 元　　□2000～3000 元　　□3000 元以上

4. 您对动漫的态度:

□骨灰级"粉丝"　　□很喜欢　　□喜欢　　□一般　　□不喜欢　　□很讨厌

5. 您的电子邮箱(可选,我们会不定期给您推荐最新动漫信息)?

_____

再次感谢您对此次调查的支持!

附录三　艺术品市场消费者调查问卷

亲爱的女士(先生):

您好。我们在做一个关于北京市艺术品市场发展状况及消费者构成的研究。为了了解北京艺术品市场消费者的情况,恳请您在百忙之中抽出 3 分钟左右的时间完成下面的调查问卷。调查是匿名进行的,请您填写问卷表中的所有信息,我们会严格保密,请不要有所顾虑。您所提供的调查结果将用来进行数据分析,我们将根据调查结果分析北京艺术品市场现存问题,并给出合理化建议。衷心感谢您对本次调查的支持!

第一部分　消费者行为/心理

第一板块　有关艺术品消费的问题

1.您是否购买过艺术品?

□是………………………………请从第 2 题回答

□否………………………………请跳转至第二板块回答

2.您(可能)对哪方面的艺术消费比较感兴趣?(可多选)

□绘画　　　　　□雕塑　　　　　□书法/篆刻　　　□珠宝玉器

□陶瓷/青铜器　□家具　　　　　□书籍　　　　　□摄影

□装置艺术　　　□其他(请注明)

3.您总共购买过多少件艺术品?

□没有购买过　　□1 件　　　　　□2～5 件　　　　□5～10 件

□10 件以上

4.您购买艺术品的目的?(可多选)

□装饰家居,提高生活品味　　　　□个人爱好

□馈赠亲友、商业伙伴　　　　　　□收藏保值

□朋友圈中交流话题　　　　　　　□其他(请注明)

5.您能接受的艺术品单件价格范围是多少?

□1000 元以下　　　　　　　　□1000～2000 元

□2000～5000 元　　　　　　　□5000～10000 元

□10000～20000 元　　　　　　□20000 元以上

□认可价值,不在乎价钱

6.您购买艺术品的途径有哪些?（可多选）

□画廊　　　　　□艺术家　　　　□实体店/市场　　　□拍卖公司

□网上购买　　　□其他（请注明）

第二板块　有关艺术品及艺术品市场的问题

1.您对艺术品的了解程度?（10 分为满分）

_____。

2.您获取艺术品知识、资讯的来源有哪些?（可多选）

□艺术品市场　　□互联网　　　□博览会　　　　□拍卖会

□专业杂志/书籍　□电视栏目　　□朋友

3.您关注哪些北京的艺术品市场?（可多选）

□798 艺术区　　□草场地　　　□潘家园

□琉璃厂　　　　□宋庄　　　　□其他（请注明）

4.您在欣赏艺术品时最注重哪个方面?

□收藏价值　　　□专业鉴定　　□作者名气

□根据自己喜好而定

5.您对当前艺术品市场的看法。

□不太规范　　　□过于商业化　□过于混乱　　　□规模太小

□其他（请注明）

6.您认为国内艺术品市场的发展现状如何?（可多选）

□发展稳定

□行业内缺乏规范权威的统一管理

□国内认证体系滞后

□以模仿外国艺术品市场为主,缺乏特色

□国家扶持力量有限

□国家法律/政策不完善

7.您认为造成当前中国艺术品市场现状的主要原因有哪些？

_____

8.您对我国的艺术品市场发展还有什么感想和建议？

_____

第二部分　消费者构成

1. 您的年龄：

☐20 岁以下　　　☐20～30 岁　　☐30～40 岁　　　☐40～50 岁

☐50～60 岁　　　☐60 岁以上

2. 您的性别：

☐男　　　　　　☐女

3. 您的职业：

_____

4. 您的月收入：

☐2000 元以下　　　☐2000～3000 元　　☐3000～5000 元

☐5000～10000 元　　☐10000 元以上

再次感谢您对此次调查的支持！

附录四　电影产业消费者调查问卷

亲爱的女士（先生）：

您好。我们是首都经济贸易大学的学生，现在进行有关电影产业方面的市场调查，绝非商业性活动。这是一份关于电影消费习惯的问卷调查，请您抽出宝贵时间来参加本次调查。衷心感谢您的合作！

1. 您是否会去电影院看电影？

□A. 是　　　　□B. 否（请跳至第10题）

2. 您大概平均多久去一次电影院？

□A. 每周　　□B. 一两个月　　□C. 三四个月　　□D. 半年一次

3. 您通常和谁一起去电影院？

□A. 朋友、同学、同事　　　　□B. 亲戚（父母、兄弟姐妹）

□C. 恋人、配偶　　　　　　　□D. 独自一人

4. 最吸引您去电影院看电影的原因是什么？

□A. 影片本身的号召力　　　　□B. 打折、赠票

□C. 参演明星　　　　　　　　□D. 观影效果

□E. 约会等日常社交　　　　　□F. 其他

5. 您通常会选择下列哪类电影院？

□A. 华星、星美等大型高档电影院

□B. 一般中小型电影院

□C. 无所谓，随机

如果有固定或经常去的电影院，请填写＿＿＿＿＿＿

6. 您常去这家电影院的原因？

□A. 方便　　　□B. 习惯　　　□C. 设施配备好

□D. 价格因素，如经常有优惠　　□E. 顾客不多　　□F. 其他

7. 您一般选择什么时候看电影？

□A. 工作日　□B. 一定为周二　□C. 节假日

□D. 任意时间，无特殊选择

8. 您是通过什么方式获得此电影院的观影信息的？

□A. 网络　　□B. 朋友推荐　　□C. 报纸杂志　　□D. 短信平台

□E. 其他

9. 您喜欢看哪种类型的电影？（最多选 3 个）

□A. 动作片　□B. 爱情片　　□C. 动画片　　□D. 喜剧片

□E. 剧情片　□F. 科幻片　　□G. 恐怖、惊悚、悬疑类

□H. 其他

10. 您选择电影时，是否会偏向于某个档期？

□A. 无所谓，不在意档期　　□B. 贺岁档　　□C. 暑期档

□D. 情人节档　　　　　　□E. 清明档　　□F. 其他

11. 您是否会关注电影上映前的广告或者首映式等信息？

□A. 是　　　□B. 否

12. 您更喜欢哪个地区的电影？（最多选 2 个）

□A. 中国大陆　□B. 中国香港　□C. 美国　　　□D. 日韩

□E. 欧洲　　　□F. 其他

13. 对于电影的周边产品展卖（比如变形金刚、哈利波特魔法棒），您认为：

□A. 很喜欢，经常购买　　　□B. 会注意，不常购买

□C. 不看重，不会购买

14. 您会收藏电影 DVD（包括 VCD、电影插曲 CD 等）吗？

□A. 很喜欢，经常购买收藏　　□B. 偶尔收藏

□C. 不会购买收藏

请用非常不满意（1 分）、不满意（2 分）、无所谓（3 分）、满意（4 分）、非常满意（5 分）为下列方面打分。

15. 您认为所去电影院的音响效果_____

16. 您认为所去电影院的观影效果_____

17. 您认为所去电影院的环境舒适度_____

18. 您认为所去电影院的服务质量_____

基本信息：

1. 请问您的性别是：

□男　　□女

2. 请问您的年龄是：

□18 岁以下　　□18～25 岁　　□26～30 岁　　□31～45 岁

□45 岁以上

3. 请问您的职业是：

□学生　□公务员（党政机关、教师等）　□工薪、技术人员　□白领

□军人　□高层管理人员　□自由职业

4. 请问您的教育程度是：

□高中及以下　　□大专　□大学本科　□硕士　□博士及以上

5. 请问您的月收入为：

□1000 元以下　　□1000～3000 元　　□3000～6000 元

□6000 元以上

谢谢您抽出宝贵时间参与我们的调查，再次感谢您！

参 考 文 献

1. Andreassen, Tor Wallin (2001). "From Disgust to Delight: Do Customers Hold a Grudge?" *Journal of Service Research*, Vol. 4, No. 1, August 2001, 39-49

2. Day, Ellen, Melvin R. Crask (2000). "Value Assessment: The Antecedent of Customer Satisfaction", *Journal of Consumer Satisfaction, Dissatisfaction and Complaining Behavior*, Vol. 13, 52-60

3. Keaveney, Susan M. (1995). "Customer Switching Behavior in Service Industries: An Exploratory Study", *Journal of Marketing*, 59 (April) 71-82

4. Kelly, Scott W., K. Douglas Hoffman, Mark A. Davis (1993). "A Typology of Retail Failures and Recoveries", *Journal of Retailing*, Vol. 69, No. 4, Winter, 429-452

5. Liljander V., Strandvik T. (1993). "Different Comparison Standards as Determinants of Service Quality", *Journal of Consumer Satisfaction, Dissatisfaction and Complaining Behavior*, Vol. 6, 118-132

6. Maxham Ⅲ, James G., Richard G. Netemeyer (2002). "A Longitudinal Study of Complaining Customers' Evaluations of Multiple Service Failures and Recovery Efforts", *Journal of Marketing*, 66 (October), 57-71

7. Monroe, Kent B. (1990). "Pricing: Making Profitable Decisions", New York: McGraw-Hill

8. Morgan, Robert M., Shelby D. Hunt (1994). "The Commitment-Trust Theory of Relationship Marketing", 58(July), 20-38

9. Oliver, Richard L. (1993). "Cognitive, Affective, and Attribute Bases of the Satisfaction Response", *Journal of Consumer Research*, 20 (December). 418-430

10. Parasuraman A., Valarie A. Zeithaml, Leonard L. Berry (1988). "SERVQUAL: A Multi-Item Scale for Measuring Consumer Perceptions of Service Quality", *Journal of Retailing*, 64 (Spring), 13-40

11. Ranaweera, Chatura, Jaideep Prabhu (2003). "On the Relative Importance of Customer Satisfaction and Trust as Determinants of Customer Retention and Positive Word of Mouth", *Journal of Targeting, Measurement and Analysis for Marketing*, 12(Janwery), 82-90

12. Sirdeshmukh, Deepak, Jagdip Singh, Barry Sabol (2002). "Consumer Trust, Value, and Loyalty in Relational Exchanges", *Journal of Marketing*, 66 (January), 15-37

13. Smith, Amy K., Ruth N. Bolton (1998). "An Experimental Investigation of Customer Reactions to Service Failure and Recovery Encounter: Paradox or Peril?" *Journal of Service Research*, 1 (August), 65-81

14. Smith, J. Brock, Donald W. Barclay (1997). "The Effects of Organizational Differences and Trust on the Effectiveness of Selling Partner Relationships", *Journal of Marketing*, 61 (January), 3-21

15. Speckman, Robert E. (1988). "Strategic Supplier Selection: Understanding Long-term Buyer Relationships", *Business Horizons*, July-August, 75-81

16. Spreng, Richard A., Gilbert D. Harrell, Robert D. Mackoy (1995). "Service Recovery: Impact on Satisfaction and Intentions", *The Journal of Services Marketing*, Vol. 9, 1, 15-23

17. Yoon, Sung-Joon (2002). "The Antecedents and Consequences of Trust in Online-purchase Decisions," *Journal of Interactive Marketing*, Vol. 16, No. 2, Spring 2002, 47-63

18. Zeithaml，Valerie A.（1988）．"Consumer Perceptions of Price，Quality，and Value：A Means-end Model and Synthesis of Evidence"，*Journal of Marketing*，52(3)，2-22

19. 严浩仁：《服务业转换成本的形成机理与管理策略》，《商业经济与管理》2003 年第 8 期

20. 计建、陈小平：《品牌忠诚度行为——情感模型初探》，《外国经济与管理》1999 年第 1 期

21. 陆娟、张东晗：《消费者品牌忠诚影响因素实证分析》，《财贸研究》2004 年第 6 期

22. 陆娟：《论服务品牌忠诚的形成机理》，《当代财经》2003 年第 9 期

23. 陆娟：《服务忠诚驱动因素与驱动机理研究》，《管理世界》2005 年6 月

24. 顾巍、范贵华、唐华：《顾客满意与顾客忠诚的关系研究》，《软科学》2004 年第 18 卷第 5 期

25. 马力行、蒋馥：《客户忠诚的影响因素及其相互作用》，《商业研究》2004 年第 15 期

26. 谭玲、殷俊：《动漫产业》，四川大学出版社，2006 年版，http：//www. amazon. cn/mn/searchApp? searchWord＝％E8％91％97

27. ［日］中野晴行：《マンガ産業論》（动漫创意产业论），甄西译，国际文化出版社，2007 年版

28. ［美］John C. Mowen：《消费者行为学》，清华大学出版社，2003 年版

29. 唐赤华、戴克商：《消费者心理与行为》，清华大学出版社 ，2007 年版

30. 邓林：《世界动漫产业发展概论》，上海交通大学出版社，2008 年版

31. 《世界动漫产业发展和中国动漫现状分析》，http：//www. ddc. com. cn/bbs/showthread. php? t＝66366&Result＝0&CheckTime＝1251517779&VerifyCode＝1250864ad841c978345d460403a469d4

32. 方建国、王培德、彭一：《中外动画史》（The World History of Ani-

mation)，浙江大学出版社，2007 年版

33.《中国动漫产业历史和现状》，http://www. x5dj. com/Blog/
00547369/00208398. shtml

34. 中国消费者协会：《中国消费者手册》，工商出版社，2004 年版

35. 白晓煌：《日本动漫》，中国旅游出版社，2006 年版

36. 刘利群、傅宁：《文化创意产业前沿》，中国传媒大学出版社，2008
年版

37.《北京市统计年鉴》(2004、2005、2006)

38. 阿尔波特·O. 赫希曼：《退出、呼吁与忠诚——对企业、组织和国
家衰退的回应》(Albert O. Hirschman，"Exit，Voice，and Loyalty-Re-
sponses to Decline in Firms，Organizations and States")，卢昌崇译，经济
科学出版社，2001 年版

39. 叶志桂：《把顾客的声音带入企业的内部——顾客满意与顾客价
值两者的比较及理论应用前景》，《北京工商大学学报》(社会科学版)，
Vol. 18，No. 6，November 2003

40. 戴稳胜、黄向阳：《寿险业顾客满意与忠诚关系的实证研究》，《江
汉论坛》2004 年第 9 期

41. 中国动漫产业研究中心网，http://www. zhongman. com

42. 唐庄菊、汪纯孝、岑成德：《专业服务消费者信任感的实证研究》，
《商业研究》1999 年第 10 期

43. 百度百科：《日本动漫》，http://baike. baidu. com/view/495014. htm

44. 符国群、冯刚平、俞文皎：《顾客转换服务商原因分析：来自北京和
广州的调查》，《中国营销科学学报》2005 年第 1 期

45. 北京市发改委：《北京市"十一五"时期功能区域发展规划》

46. 北京市发改委：《北京市"十一五"时期服务业发展规划》

47. 北京市发改委：《北京市"十一五"时期文化创意产业发展规划》

48. 北京文化创意网：http://www. bjci. gov. cn

49. 于彩凤：《价值链营销中的顾客满意分析》，《黑龙江财专学报》
1999 年第 2 期

50. 奚建华：《从文化产业到文化创意产业：现实走向与逻辑路径》，

《浙江学刊》2007 年第 6 期

51．袁文龙等：《面向顾客投诉——服务补救和组织学习》，《南开管理评论》2000 年第 3 期

52．何会文：《服务失败的顾客归因及其启示》，《财经科学》2003 年 5 月增刊

53．刘宇：《顾客满意度测评》，社会科学文献出版社，2003 年版

54．［美］查理德·E. 凯夫斯：《创业产业经济学：艺术的商业之道》，新华出版社，2004 年版

55．成乔明：《艺术产业管理》，云南大学出版社，2004 年版

56．张志雄：《长线价值——艺术品市场大势》，上海财经大学出版社，2006 年版

57．蒋三庚：《文化创意产业研究》，首都经济贸易大学出版社，2006 年版

58．王晓峰：《文化创意产业的现状及发展趋势》，Proceedings of the 2006 International Conference on Industrial Design & The Ith China Industrial Design Annual Meeting（Volume 2/2）2006 年

59．杨元飞：《基于文化导向的中国电影市场细分研究》，同济大学硕士论文，2007 年

60．谢伦灿：《艺术产业运营学》，人民出版社，2007 年版

61．鲁迪：《艺术财富》，湖南美术出版社，2007 年版

62．赵力：《2006～2007 年中国艺术品市场研究报告》，湖南美术出版社，2007 年版

63．赵力：《艺术财富，三谈泡沫》，湖南美术出版社，2008 年版

64．马健：《艺术品市场的经济学》，中国时代经济出版社，2008 年版

65．姜长城：《艺术财富，新旧竞争共同拉动中国当代艺术上升》，湖南美术出版社，2008 年版

66．张冬梅：《艺术产业化的历程反思与理论诠释》，中国社会科学出版社，2008 年版

67．中国传媒大学文化创意产业发展研究中心：《中国电影产业发展的战略和对策分析》，2008 年 7 月 13 日

68. 蔡尚伟、叶非(四川大学文化产业研究中心):《金融危机背景下的中国电影产业发展》,人民网——传媒频道,2008 年 12 月 1 日

69. 《2008 年中国电影产业发展状况》,中国电影网(http://www.chinafilm.com),2009 年 5 月 26 日

70. 赵冰:《解析艺术品二级拍卖市场》,《商场现代化》2008 年 3 月

71. 范秀成、刘建华:《顾客关系、信任与顾客对服务失败的反应》,《南开管理评论》2004 年第 6 期